Legueil

Diese Veröffentlichung erfolgt mit freundlicher Unterstützung der
Hoppe-Ritter-Kunstförderung und der **Stiftung der Landesgirokasse**

Und Jabès

Hommage

Paul Auster

Hans-Dieter Bahr

Didier Cahen

Michel Camus

Eduardo Chillida

Francis Cohen

Marcel Cohen

Jacques Derrida

Jacques Dupin

Jean-Pierre Dubost

Jean-Louis Giovannoni

Johannes Hauck

Felix Philipp Ingold

François Laruelle

Jean-Luc Nancy

Richard Stamelman

André Velter

«Den Ursprung zu denken, heißt das nicht vorab,
den Ursprung auf die Probe zu stellen?»   Edmond Jabès

Richard Stamelman

Der Fremde in den Sprachen

Ein Nomade ist der Übersetzer. In drei Ländern umherirrend – dem
der Ausgangssprache, dem der Zielsprache und dem des unbestimm-
ten Raumes, der beide trennt – ist er ein Wesen auf der Durchreise, ein
Wesen, das nach Edmond Jabès «im unendlichen Raum des Wortes zu
nomadisieren» (LR 120)* versteht und das, wie traducere, die lateinische Wurzel des Wortes «traduire», übersetzen, andeutet, hinüberzuführen versteht. Und was der Übersetzer «hinüberzuführen» versteht, das sind die Worte und das Schweigen dieser Worte. Als
Fährmann zwischen zwei Ufern, der den Grenzen entlangwandert,
entlangstreift, als Verbannter, der das unwegsame Gelände einer Irr-
fahrt durchquert, bewohnt der Übersetzer den Zwischenraum der
Sprachen. Von einem Niemandsland aus sieht er die weit auseinander
liegenden Ufer, die unüberschreitbaren Grenzen zweier verschiede-
ner Sprachen, in denen er, gelänge es ihm, die Schranken zu überwin-
den, gelänge es ihm, Schibboleths richtig auszusprechen, sich dennoch nicht zuhause fühlte. Denn der Übersetzer, dieses heimatlose
Wesen an den Rändern der Sprachen, ist vor allem anderen der, der die
Worte auf eine fremde Weise ausspricht, der sie mit der Aura der
Differenz umgibt, der sich in keiner Sprache wirklich niederlassen
kann. Er ist, wie J.-B. Pontalis feststellt, «ein leidendes, noch nicht
angekommenes Wesen (être en souffrance): er hat seine Sprache verloren, ohne eine andere zu gewinnen».[1] Mehr noch als ein
Umherirrender, ein Verbannter, ein Entwurzelter, ist der Übersetzer
ein Fremder, das heißt, um mich des Titels eines der letzten Bücher
von Edmond Jabès zu bedienen, «ein Fremder mit einem kleinen
Buch unterm Arm».

* Abkürzungsverzeichnis siehe Seite 197 (A. d. V.).

Der Übersetzer von Edmond Jabès irrt nicht allein in einem Land umher, das nicht das seine ist – das heißt in der französischen Sprache,in der die Bücher der Fragen, der Ähnlichkeiten, der Ränder, der Grenzen, der Subversion, des Dialogs, des Teilens geschrieben sind. Nein, er treibt auch in seiner gewöhnlichen Sprache, der Muttersprache seines Heimatlandes, die ihm vertraut war, bis ihm, bei der Begegnung mit dem Buch von Jabès, zum ersten Mal ihre Fremdheit enthüllt wurde. Von dem Augenblick an, in dem zwei Sprachen zusammentreffen, an der Stelle, wo ihre wesentlichen Unterschiede aufeinanderprallen, springt der Funke der Fremdheit hervor. Der emigrierende Übersetzer erlebt das Exil in seiner eigenen Sprache.[2] Sie ist keine Oase mehr, in der das Buch nach der langen Durchquerung der Wüste Zuflucht finden und neuen Atem schöpfen könnte. Die Muttersprache ist mit Fremdheit geschlagen und darum kein Ort mehr, an dem man Geborgenheit oder Gastfreundschaft vorfindet. Der Übersetzer ist aus seinem sprachlichen Heimatland vertrieben. Auf dessen Grund entdeckt er Entfremdung und Andersheit, die Widerstände, Hindernisse, Fesseln spürbar werden lassen. Einst friedlicher und vertrauter Ort, wird die eigene Sprache unbeherrschbar rauhes und feindliches Land. Die Oase erweist sich als Wüste. «Die Fremde ermöglicht es dir, du selbst zu sein, indem sie dich zum Fremden macht», bemerkt Jabès (Et 9, dt. 7)**. Der Übersetzer, der sich an der zerreißenden Verschiedenheit zweier Sprachen gestoßen hatte, akzeptiert also die Andersheit, die die Wahrheit menschlichen Sprechens und Seins darstellt. Tatsächlich ist er nicht Übersetzer, wenn er nicht die Fremdheit bei sich aufnimmt, die zugleich seine Existenz und seine Identität begründet.

«Die Erfahrung des Fremden»[3], die der Übersetzer macht, indem er nicht locker läßt in seinem Bemühen, die Sprache eines anderen in

---

** Im Original: «L'étranger te permet d'être toi-même, en faisant de toi, un étranger.» Im Französischen bedeutet «d'étranger» sowohl «der Fremde» als auch «die Fremde». Da R. Stamelman «d'étranger» auf «pays» und «désert» bezieht, wurde die vorliegende Übersetzung entsprechend modifiziert (A. d. Ü.).

einer anderen Sprache wiederzugeben, ist nur die Wiederholung des ersten Kampfes, der darin besteht, zu sagen, was sich nicht sagen läßt, Fragen zu stellen, auf die nur weitere Fragen antworten. Denn das Buch von Jabès, in dem «jedes Wort (. . .) zunächst das Echo eines verlorenen Wortes» ist (LP 65), entsteht gleich nach seiner Komposition als Übersetzung: Übersetzung eines einzigen, abwesenden, geheimen, unhörbaren und unlesbaren Buches. «So sagt man ein Wort», schreibt Jabès, «anstelle eines Wortes, das man noch nicht sagen kann, da es, oh Schmerz, das vorläufige – verfrühte –, aber doch klar umrissene Wort für das ist, was man niemals sagen wird» (P 99, dt. 126). Wenn jedes Buch von Edmond Jabès von einem Unsagbaren und einem Mangel her geschrieben ist, so folgt daraus, daß jede Übersetzung, da sie bereits die Übersetzung einer Übersetzung ist, bestrebt sein muß, das Unsagbare zu übersetzen, den Mangel zu fassen, die Abwesenheit anwesend zu machen. Die Übersetzung kann nur den Verlust bewohnen, der das Original zum Leben erweckt hat. Sie muß in die Zielsprache hereinholen, was «in die Leerstellen des Buches geschrieben wird: Leerstellen, die nicht dessen Ränder sind, sondern Spuren von Wörtern, begraben im Wort» (P 77, dt. 94). Indem der Übersetzer diesen grundlegenden Mangel, diese begründende Leere erfaßt, den Ausgangspunkt eines jeden Buches von Jabès, versucht er, in einer Sprache voller Fremdheit jenem Schweigen eine Stimme zu verleihen, das im Original die Worte umhüllt, jenem Weiß, das die Vokabeln voneinander entfernt hält, jenen Zwischenräumen, die das Fließen der Sätze unterbrechen, jener unvollendeten Schrift, unter der sich eine andere Schrift verbirgt. So schafft der Übersetzer, wenn er im Rauschen der Übersetzung den Schauder des Mangels hörbar werden läßt, der das Original beben macht, das, was Maurice Blanchot «eine von einer Alterität ausgehende Identität»[4] nennt.

Wie also Jabès übersetzen? Wie die «trostlose Weite» (Et 63, dt. 67), die die Wörter für Jabès sind, in eine andere Sprache überführen? Wie, so könnte man sich fragen, den Flugsand einer Wüste transportieren? Wie die Beziehung zwischen Schwarz und Weiß, zwischen dem Schweigen und der Vokabel übersetzen, die im Wüstenraum der Seite sichtbar und hörbar wird? Wie die Entsprechung in Bedeutung und Ausdruck finden, um das «verbotene Wort dahinter» (P 39, dt. 46) auszudrücken, das, ohne es zu wissen, jedes Wort von Jabès birgt? Und schließlich, wie durch das Austauschen der Wörter die Frage übersetzen, die das Buch sich selbst stellt, die Frage, die jede Übersetzung dem Original stellen muß?

Einzig, wie mir scheinen will, durch das Hervorbrechen der Fremdheit. Wenn der Übersetzer sich das Fremde des Fremden zu eigen macht, das heißt das, was im Text von Jabès grundlegend verschieden ist, schafft er eine Übersetzung, die zugleich getreu und anders ist. Denn «jedes Buch», merkt Edmond Jabès an, «ist dem Buche fremd, das es hervorruft. Aus dieser Herausforderung definiert es sich» (Et 121, dt. 120). Es gibt kein Buch, das, einmal geschrieben, nicht im Blick auf das geheime Buch, das niemals geschrieben werden wird, durch die Übersetzung ein Buch des Verlustes, des Mangels, des Verrats wäre; das heißt ein Text, in dem sich der Abgrund der Trennung auftut. Denn «Sprache», sagt uns Jabès, «gibt es nur für die Trennung» (El 39). «Nur aus der Entfernung spricht man wirklich. Das Wort gibt es nur getrennt. Diese Trennung ist die unerträgliche Abwesenheit, an der jedes Wort sich stößt» (DD 83f). Und dennoch könnte von diesem Schweigen und dieser Abwesenheit her, wo die Fremdheit zum Vorschein kommt, ein Dialog anknüpfen. Vom Abgrund her, der das Original von seiner Übersetzung trennt, könnte ein Dialog zwischen Büchern beginnen, gleich diesem «Nach-Dialog» oder «Nach-Schweigen», in dem laut Jabès im Nachhinein all die Worte kommen, die «wir dem Andern hätten sagen können im Verlauf unsres Wortwechsels» (LD 17, dt. BB 201), die wir aber nicht ausgesprochen hatten. So setzt im Schweigen, zu dem die Entfernung zwingt, die Übersetzung gegen das Danach des Exils, der Abwesenheit und des Mangels, in dem sie stattfindet, einen Dialog mit dem Original fort. Die Aufgabe des Übersetzers ist also, die Worte zu schreiben, die gesagt worden wären, als sei das Buch in seiner eigenen

Sprache geschrieben worden. Der Dialog des Buches geht so im Nach-Dialog der Übersetzung weiter. Der wahre Dialog kann demnach nur an den Rändern zweier fremder Sprachen entstehen, zwischen denen der Übersetzer hin- und herirrt, ohne daß es ihm gelänge, sich in der einen oder in der anderen niederzulassen.

Wie kann man dann den Übersetzer als «einen Fremden mit einem kleinen Buch unterm Arm» sehen? Wie Edmond Jabès André Velter erklärte, hatten zur Zeit der Inquisition

> «einige der zur Bekehrung gezwungenen Juden (...) die wesentlichen Gebete und das Wesentliche des Zwiegesprächs mit Gott in ein winzig kleines Buch übertragen. Dieses kleine Buch versteckten sie in einer Tasche, die in das weite Futter ihres linken Ärmels eingenäht worden war. Wenn sie, um ihr Leben zu retten, zur Kirche gehen, vor sich hinmurmeln oder niederknien mußten, konnten sie doch mit der rechten Hand innen in ihrem Ärmel das versteckte Buch streicheln. Und dies stärkte sie und brachte sie zu ihren Ursprüngen zurück.»[5]

Während diese Juden die Gebete der anderen hersagten, die nie die ihren sein würden, während sie fremde Silben aussprachen, um ihr Leben zu retten, dachten sie an die Sprache von einst, die eng verbunden gewesen war mit dem, was sie, Volk des Buches und der Schrift, waren. Und wie durch ein Wunder dachten sie dann nicht mehr sehnsüchtig an diese Worte aus einem verlorenen Land, sie empfanden sie nicht mehr wie Trugbilder einer fernen und unwiederbringlichen Vergangenheit. Nein, innen in ihrem Ärmel fingen sie an, sie zu berühren, sie legten ihre Finger auf die Buchstaben, sie streichelten die Seiten und ertasteten so ein Buch, das tatsächlich die Größe einer Hand hatte. Durch ihre Weigerung, auf die Fremdheit und die Andersheit zu verzichten, die ihre geschichtliche Identität begründeten, bezichtigten sie die gesprochenen Worte mittels jener unter dem Arm versteckten Worte der Lüge. Diese bekehrten Juden schufen eine Übersetzung, das heißt, sie begingen einen Verrat. Sie berührten ihr kleines Buch, dieses einzige, verborgene, unsichtbare Buch, in dem das Wesentliche ihres Glaubens zu lesen war, im selben Augenblick, in dem sie die Wörter einer anderen Sprache stammelten. Wie der Übersetzer befanden sie sich zwischen zwei Sprachen, auf der einen Seite aus der verbannt, die für sie Alpha und Omega ihrer Existenz war, und auf der anderen Seite einer fremden Sprache unterworfen, der sie mißtrauten. Diese Menschen hatten, wie der Übersetzer, gleichzeitig das Bewußtsein zweier Sprachen, ohne eine tatsächlich zu besitzen.

Jeder Übersetzer von Edmond Jabès, der unerbittlich versucht, die französischen Vokabeln in englische, spanische, italienische, schwedische, dänische, hebräische, deutsche und japanische Wörter hinüberzuführen, zu übertragen, weiß im voraus um die Unmöglichkeit, ein Buch zu übersetzen, das bereits selbst eine Übersetzung ist, selbst von einem ursprünglichen, unsichtbaren, unhörbaren Buch besessen. Aber der Übersetzer läßt dennoch nicht davon ab, diese Bücher der Fragen, der Ähnlichkeiten, des Dialogs, des Teilens zu streicheln, zu liebkosen, mit den Fingern zu berühren, die hinter den Übersetzungen verborgen bleiben, welche selbst grundlegend andere Texte sind und aus der Ferne auf das Buch blicken, aus dem sie hervorgegangen sind. Die Übersetzung schöpft ihre Wahrheit nicht aus dem Hier einer neuen Sprache, sondern aus dem Anderswo einer ursprünglichen, von Abwesenheit und Mangel erfüllten Sprache.

Wie Edmond Jabès, der mit jedem Buch die Erfahrung des Fremden macht, erweckt der Übersetzer die Fremdheit der Sprachen zum Leben. Er ist ein Wesen, das stets zwei Bücher bei sich trägt: eines, das er bei vollem Licht liest, und eines, das er tastend im Dunkel unter seinem Arm berührt. Er muß sie beide lieben, denn Übersetzen ist ein Liebesakt, in dem man aus der Entfernung und der Trennung, wie sie die Übersetzung ankündigt, die Sprache des anderen umarmt. Übersetzen heißt, den Raum einer Enteignung zu durchqueren, denn «man dringt erst in das Buch ein», sagt uns Jabès, «nachdem man von ihm enteignet worden ist. Daher bewohnen wir nur unseren Verlust» (LD 11). Übersetzen heißt, diesen Verlust zu teilen, denn der

Übersetzer bemüht sich im Grunde nur darum, den Verlust, den die Konfrontation zweier Sprachen bewirkt hat, zu schreiben, oder genauer, ihn neu zu schreiben. Dieser Verlust macht aus ihm wie aus dem Schriftsteller «einen Fremden mit einem kleinen Buch unterm Arm», das heißt jenen Fremden, der an den Rändern zweier Sprachen deren unaussprechliche Verletzung erfährt.

Aus dem Französischen von Barbara Kuhn

Anmerkungen

[1] J.-B. Pontalis, «Noch ein unmöglicher Beruf», *Aus dem Blick verlieren*. Im Horizont der Psychoanalyse. Übersetzt aus dem Französischen von Hans-Dieter Gondek, München, 1991, S. 208.

[2] Übersetzen, schreibt Pontalis, heißt: «Emigrieren, ja, das ist sicher, doch emigrieren in seine Sprache. Aufs neue in ihr das Exil zu erleben.» Es heißt «weniger die Sprache (langue) wechseln als seine Sprache ändern und - in ihr - das Fremde der Sprache (langage) wiederfinden. Durch die eigene Emigration am Ende die Migration der Wörter ermöglichen.» (Aus dem Blick verlieren, S. 214. Übersetzung leicht verändert, A. d. Ü.).

[3] Siehe Antoine Berman, *L'épreuve de l'étranger*. Culture et traduction dans l'Allemagne romantique, Paris, 1984.

[4] Maurice Blanchot, «Traduire», *L'amitié*, Paris, 1971, S. 72. Wo übersetzt wird, entfaltet sich nach Blanchot die Differenz. Der Übersetzer, schreibt er, ist «der geheime Meister der Differenz der Sprachen, nicht um sie abzuschaffen, sondern um sie zu nützen, um durch die gewaltigen oder subtilen Veränderungen, die er seiner eigenen Sprache beibringt, eine Präsenz dessen zu erwecken, was es ursprünglich im Original an Differentem gibt» (S. 71). «Ein übersetzter Text», schreibt Blanchot in einem anderen Aufsatz, «ahmt den Schaffensprozeß nach, der ... versucht, eine andere Sprache entstehen zu lassen, die scheinbar dieselbe und doch, in bezug auf diese Sprache, wie ihre Abwesenheit, ihre ständig erworbene und dauernd versteckte Differenz ist» («Traduit de...», *La part du feu* [Paris, 1949], S. 186f). Diese Obsession der Differenz sieht Pontalis in jedem Übersetzen, denn der Übersetzer ist derjenige, «der sich bis zum Schwindel der Aufgabe widmet, den Unterschied und die Abweichung - von einer Sprache zur andern [...] - auszumachen» (Aus dem Blick verlieren, S. 213).

[5] «L'étranger d'Edmond Jabès», Gespräche mit André Velter, Le Monde, 28. April 1989.

Jacques Dupin

«Ich lasse von den heiligen Worten
. . . nicht aber vom Buch . . . »

Botschaft erhalten: eine Seite schreiben. Ohne ihn schreiben. Für ihn schreiben. Mit ihm schreiben, oder nichts schreiben. So wie er für uns alle geschrieben hat, in unserem Namen. Wir, die wir zu schreiben versuchten, wir, die wir mit ihm unaufhörlich dem Tode entgegen schreiben werden . . .

Ich sehe ihn oft vor mir, wie er auf einer Terrasse steht, hoch über der unendlichen Weite einer Sandwüste, und ich höre ununterbrochen das geheimnisvolle Wogen der Schrift, einer Schrift, wie man sie sich aufrichtiger nicht denken kann –

wie ich ihm begegnet bin, 1956 auf der Terrasse eines Cafés, Boulevard Saint Germain, dem Exilierten, soeben verstoßen, aller Wunden, aller Ängste zum Trotz
– schon wieder aufgerichtet . . .

Wir haben damals, und immer wieder, über alles und nichts gesprochen, zum Beispiel über *«die unbeschreibbare Angst, nicht zu sterben»*.

Unzählige Bücher, das Selbe, folgten. Eine unlöschbare Glut, die nach und nach, Grad um Grad, Helle stiftete, Licht brachte in das Buch, dessen Diener und Gebieter wir, ohne es zu wissen, waren.

Eine Theorie aus Büchern erschaffen, reiche Ader, aus der ich die Kraft zum Schreiben schöpfte, die Stärke, nicht zu schreiben, die Fähigkeit, der flackernden Flamme, dem zehrenden Feuer, der Schrift des Todes nah oder fern zu sein . . .

Die Stimme, die Sprache, der Atem . . . Das letzte Wort des Buchs, das Hervorsprudeln reinen Wassers, der Zweig des Rutengängers, der Stab des Umherirrenden, des Verbannten, des Reisenden.

Er schrieb: *«Du kannst nicht vergessen werden. Das ist das Dilemma.»* Erhabenes Durchschreiten der Unmöglichkeit des Buchs, schrittweise Annäherung.

Ich lasse von den heiligen Worten, den Rabbinern und den Schriftgelehrten, nicht aber vom Buch, das er mir geöffnet hat. Das unmögliche Buch, auf dem wir ruhen, welches wir niemals lesen werden, und das uns jede Nacht daran sterben läßt, nicht zu sterben . . . als wär es der Wind, als wär es der Atem . . .

14. April 1992

Aus dem Französischen von Jutta Legueil

Didier Cahen

In der Schrift die Asche des Todes bewahren

«Du bist der, der schreibt und der geschrieben wird», heißt es im Motto, das Edmond Jabès seinem ersten *Buch der Fragen* voranstellt. Mußte man damals schon in Erinnerung rufen, daß er 1912 in Kairo als ägyptischer Jude in einer der französischen Kultur verbundenen Familie geboren wurde, daß er bald schon ein vielbeachteter und von so unterschiedlichen Stimmen wie Max Jacob, Gabriel Bounoure oder René Char hochgerühmter Dichter war, bevor er dann Ägypten, als dort die Lage für die Juden allzu unsicher wurde, 1957 verlassen mußte. Aus diesem erzwungenen Exil, das ihn nach Paris führte, jenem Paris, in das es ihn zu Zeiten seiner literarischen Isolation in Kairo so sehr gezogen hatte, entsprang ein Werk von heiterem Ernst und zugleich qualvoller Zerrissenheit, ein Werk voller Unruhe, das seine Kraft aus eben dieser Ruhelosigkeit schöpfte. Nun, da das Buch seine einzige Behausung wird, findet der Schriftsteller Jabès in sich den Juden wieder, entdeckt der Jude Jabès in sich ein anderes Buch, ein anderes Gedicht, das die Grenzen der bloßen Dichtung sprengt, denn es trägt die Stimme weit über die geschwätzige Leere all der anderen Stimmen hinaus, auf daß sie mit ihren Worten und mit ihrem Schweigen die Geschichte und deren Abgründe durchdringe. Schon bald verbindet sich diese Dichtung mit philosophischen Denkweisen, um schließlich eine ganze Vielfalt von Formen anzunehmen: Geschichten, Dialoge, Aphorismen, Erzählungen . . . Gedichte . . . Fragen . . . und Antworten.

Wenn man jedoch zu sehr darauf beharrt, Jabès einordnen zu wollen, läuft man Gefahr, das Buch zu verfehlen, und wer das Buch verfehlt, verliert auch die Möglichkeit, die dieser Stimme verliehene Eindringlichkeit zu vernehmen, «die schöpferische Stimme, nicht die mittätige Stimme, die eine Dienerin ist» (LQ 68, dt. 73).

Und doch . . . Dichter, Geschichtenerzähler, Fabulist, Denker, Philosoph, Schriftsteller, jüdischer Schriftsteller . . . es fehlt nicht an Titeln, die Jabès zu Recht beanspruchen könnte, noch an Kategorien, in die man ihn vorschnell einordnen wollte. Im übrigen hat jede dieser Kategorien für sich ihre Berechtigung, selbst wenn das Eigentliche, der wahre Jabès, anderswo anzusiedeln ist, nicht nur am Schnittpunkt der verschiedenen Schreib- oder Denkweisen, auf die solche Kategorien verweisen.

Dichter ist Jabès im elementarsten Sinn des Wortes; nicht einfach, weil er Bücher geschrieben hat, die man normalerweise der Lyrik zuordnet (*Ich baue mir eine Behausung* und, in jüngerer Zeit, *Récit* und *Das Gedächtnis und die Hand*), sondern auch, weil der Sinn, der den Leser unmittelbar anrührt, zu einem Teil aus dem Wort und aus dem Schweigen, das jedes Wort in sich trägt, aus einer anderen Rede, die noch zwischen den Wörtern geschrieben steht, erwächst.

Denker wird Jabès, und er wird es bleiben, sowie er beginnt, der Spur jener Fragen zu folgen, die ihn schon bald nicht mehr loslassen und ihn sogleich auch zu anderem hinführen werden, auf die verschlungenen Wege der Geschichte, an die Ränder der Zeit.

Jude, Schriftsteller, Schriftsteller und Jude, so wird sich Jabès schließlich selbst bezeichnen, um besser zu sich selbst zu finden! Denn Jabès muß sich, wie er sein *Buch der Fragen* wieder und wieder liest, eingestehen, daß er nicht nur Jude und Schriftsteller ist, sondern daß er Jude «geworden ist», indem er Schriftsteller «wurde». «Ich werde also Jude gewesen sein wegen des Wegs» (E 39, dt. 131), stellt er fest und wagt, um diesen Weg nachzuzeichnen, sogar das Wort «Judesein». Diese Realität ist in der Tat Teil eines solchen Buchs, wie es das *Buch der Fragen* ist, das sich als ein Text von einer in der Literatur noch nie dagewesenen Modernität offenbart und zugleich in der komplexen Struktur seiner gelehrten Form vom Talmud inspiriert scheint.[1]

Doch bevor er Denker oder Jude ist, ist und bleibt Jabès ein

Dichter. Vielleicht wird er sogar nur als Poet zum Philosophen, kann er nur als Dichter den Juden in sich wiederfinden und der werden, der er immer schon gewesen ist.

Dichter meint weniger den Wortkünstler oder den Formenschmied, woran man bei diesem vagen Oberbegriff gerne denkt, als vielmehr das Zusammentreffen, das Miteinander einer bestimmten Disposition und einer bestimmten Haltung. Die Disposition, das Wort zu vernehmen, noch bevor die Sprache es artikuliert; eine Disposition, die erlaubt, die Stimme des Wortes zu vernehmen, eine Stimme, die lautlos durch die Vokabel hindurch spricht. Sie läßt, für die, die zu hören wissen, für die, die ihre Augen offen halten, die verborgene Ordnung der Dinge erklingen. «Jede Tür hat zum Wächter ein Wort. Losungswort, magisches Wort» (JBD 155). Schon 1943 formuliert Jabès das Gesetz seines Schreibens. Es benennt die einzig mögliche Haltung dessen, der seiner Disposition nachkommt und als Dichter hinhört, denn *nur als Dichter kann man das Wort bewahren und Dichter werden!* Eine solche Haltung der Welt gegenüber will nicht gewaltsam die Tür öffnen[2], um über die Welt zu sprechen, sie zu beschreiben oder auch zu besingen, sie will vielmehr die eigene besondere Disposition der Welt darbieten.

Als Dichter auf die Welt kommen heißt dann, *in der Welt zu sein, doch anders als einer, der sich in ihr einrichtet,* vor der Tür bleiben und auf die Dinge dieser Welt hören, ohne zuzulassen, daß der Lärm der Welt mit seinem mächtigen und trügerischen Widerhall das Raunen der Dinge überdeckt.

Als Dichter in der Welt ausharren heißt, seine Stimme auf das Murmeln der Dinge einzustimmen, das in aller Stille über die Schwelle dringt.

Wenn Jabès als Dichter spricht, so weil er ein jedes Ding im Wort aufbricht, ohne je auf die Regeln der Sprache zurückzugreifen, weil es die Stimme ist, die die Dinge ins Herz des Wortes zu rufen vermag.

«Ich halte mich fortwährend jenseits, wie in der Anrufung oder im Gebet; aber ich rufe nach niemandem, ich bete nicht.» (A 140)

Jabès hat seine Haltung als Dichter definiert als eine Haltung, die jeden Gedanken an ein Nachlassen ausschließt, ja sogar jede Form von Ruhe verbietet. Denn dieses Anderswo, in dem er ausharrt, ist nicht das Jenseits einer philosophischen oder religiösen Transzendenz; es ist ein Ort, ohne wirklich einer zu sein, ein befremdlicher Ort: *ein Ort für den anderen,* wo der Fremde in mir vor der Tür ausharrt. «Die Rede sich selbst zu überlassen (. . .) die Rede sein zu lassen» [3], wie Jacques Derrida geschrieben hat, das ist es, was den Dichter im Menschen befreit; und genau das ist auch das erste entscheidende Wagnis, das Jabès stets von neuem eingehen wird. «Ich suche, mit Worten, die Poesie zu fassen; doch schon hat sie in ihnen Zuflucht genommen. Will ich sie dahin verfolgen, wo sie zu meiner Stimme geworden ist, so bin allein ich es, den ich quäle», schreibt er schon in *Ich baue mir eine Behausung* (155).

Bereits das Motto im ersten *Buch der Fragen* deutet die Richtung des Weges an, den Jabès wählt und dem er sich verpflichtet fühlt: «Du bist der, der schreibt und der geschrieben wird», verrät uns Jabès und scheint so gleichsam die Türen des Buchs zu markieren.

So wird er als Dichter zum Schöpfer des *Buchs der Fragen,* und zwar in einem vom Schöpfungsprozeß des Buchs eingeforderten neuen Sinn. Ein Schöpfer, der sein Leben dem Buch überantwortet und weiht, der schon seinen ersten Atemzug preisgibt, als übertrage er von den Lippen in die Buchstaben, was «du bist . . .». Das nämlich ist der Sinn dieses Losungswortes: Du bist der, der schreibt; so bist du der Schöpfer.

So wird er als Dichter auch zum Schriftsteller, zu einem, der das Buch, *sein* Buch, schreibt, denn er ist Schriftsteller nur in dem Sinn, wie ihn das Buch schreibt. Ein Sinn, der sich in der Entwicklung des Buchs mehr und mehr abzeichnet und der viel später erst, über 25 Jahre nach der Niederschrift des Mottos, ganz deutlich hervortreten wird, dann nämlich, wenn der Schriftsteller endlich zu vernehmen scheint, wie der Schöpfer dem Schöpfer antwortet:

«Du bist der Fremde. Und ich?
Ich bin für dich der Fremde. Und du?» (Et 17, dt. 15)

Der Schriftsteller wäre also derjenige, der – hinter der Tür – dem Schöpfer noch eine andere Frage vorlegt: «und du . . . ». Magische Kraft des Wortes, die aus dem letzten Wort das erste eines neuen Satzes werden läßt. Doch sollte man in diesem Zwiegespräch nicht den Versuch einer Versöhnung vermuten; der Schriftsteller *existiert* nur in dieser Spaltung, ja vielleicht kommt er erst durch diese Spaltung zur Existenz.

Daß Jabès als erstes Gedichte geschrieben hat, daß er als Dichter sich zunächst an der Dichtkunst erprobt hat, entspringt dem Zufall wie der Notwendigkeit.

Der Zufall zeigt sich, wie der überwiegende Teil des Werkes von Jabès beweist, darin, daß der Dichter – wenn es denn der Dichter ist, der am Gedicht arbeitet, und nicht das Gedicht, das den Dichter erwählt, – in keiner Weise dazu bestimmt ist, ausschließlich Gedichte zu schreiben. Bereits im ersten *Buch der Fragen* von 1963 verzichtet Jabès auf die Gedichtform. Wenn er sein großes Poem weiterführt, dann als Gedicht, das sich von den lyrischen Formen gelöst, ja von der Lyrik losgesagt hat. Dennoch wird die poetische Kraft in der häufigen lyrischen Verdichtung spürbar, die quer durch die Seiten dem Buch immer wieder neue Anstöße gibt und so einen anderen Rhythmus herbeiführt, den Rhythmus anderer Tage, anderer Nächte.

Es war aber auch eine Notwendigkeit, zunächst einmal Gedichte zu schreiben. Jabès, der schon seit seiner frühesten Jugend gern und viel las, folgte in seinen Jugendschriften den Vorbildern derjenigen Dichter, deren Zeilen ihm im Gedächtnis blieben und die auch zwischen den Zeilen, ja vielleicht gerade so, zu ihm sprachen. Oft ließ das Gedicht dem Dichter noch gar keinen Raum. So kann man in den allerersten, seit langem unauffindbaren Bändchen von Jabès, wie auch in den frühen Gedichten aus der Sammlung *Ich baue mir eine Behausung,* die Spuren manch bedeutender Vorbilder finden. Spuren, die manchmal in ihrer Expressivität eine Verwandtschaft mit den Surrealisten andeuten. Doch schon damals zielen die Bilder von Jabès darauf ab, das Wirkliche mit *«Tinte zu verankern», um die Welt zu erschaffen,* und wollen nicht eine andere Wirklichkeit heraufbeschwören oder benennen, indem sie der Welt das Bild einer anderen Welt aufprägen.

> «Ich baue mir meine Behausung
> aus der Hefe der umherirrenden Hunde
> und dem schwarzen Rock der abgebrannten Zündhölzer
> Die geschwärzten Finger packt ein starres Staunen
> als hätten sie ohne es zu wissen
> den Tod genarrt» (JBD 103)

Diese unfertige Behausung zeugt in der Tat von einer geistigen Verwandtschaft mit jenen Dichtern, die, da sie den romantischen Mythos einer quasi-göttlichen Inspiration aufgaben[4], es vermochten, den Prozeß des Schreibens zu hinterfragen, das Buch zu befragen, den Schriftsteller im Dichter auf die Probe zu stellen.

Mit Rimbaud teilt Jabès die Erkenntnis «Ich ist ein Anderer», selbst wenn er auch weiß, daß der Andere nicht ist.

Wie Mallarmé, so ist auch Jabès bereit zu glauben, daß die Welt auf ein Buch hinauslaufen muß, doch für Jabès muß *das Buch außerdem die Lesbarkeit der Welt ermöglichen.* Zwar teilen beide den Traum vom Buch, aber Jabès hält dem Mallarméschen Wunsch, «das-Buch-zu-schreiben-das-das-Buch-der-Welt-enthielte», ein erweitertes Projekt des Buchs schlechthin entgegen. Auf die Idee Mallarmés eines quasi-architektonischen Buchs läßt Jabès statt seiner sein Buch antworten. Zwischen den Zeilen des Geschriebenen läßt er die Bücher weitere Seiten aufschlagen, die jenseits der Zeichen die Linien einer Welt im Maßstab des Buchs zu entwerfen vermögen. In *L'Absence de lieu* schreibt Jabès:

«Den Himmel gilt es noch immer zu durchstreifen und
die Erdterrasse zu nähren mit immer neuen Nächten.»
(JBD 25)

Die Eigenständigkeit und Feinfühligkeit von Jabès werden schon
sehr früh deutlich. Die Wahlverwandtschaften, die *Ich baue mir eine
Behausung* durchziehen, zeugen von seiner Fähigkeit, den Anderen so
wahrzunehmen wie er sich wahrnimmt. Jabès gelingt es stets, sich dem
anderen in seiner Fremdheit zu öffnen, nicht etwa, um darauf zu verzichten, er selbst zu sein, sondern im Gegenteil, um noch besser zu
dem zu werden, was er ist oder sein will.

Wieviel aus der Geschichte der Lyrik in die erste Gedichtsammlung
Ich baue mir eine Behausung eingeflossen ist, ließe sich detailliert nach-
weisen. Man könnte ebenso zeigen, wie sehr Jabès sich in der
Folgezeit von Strömungen oder Theorien durchdringen ließ, ohne
sich je vereinnahmen zu lassen. Um nur einige Beispiele aus der jüng-
sten Moderne zu nennen: Von den Existenzialisten bis zu den
Strukturalisten oder Poststrukturalisten, von den Freudianern bis zu
den Freudo-Marxisten aller denkbaren Richtungen, von den Neo-
konservativen bis zu den Postmodernen könnte ein jeder zu Recht bei
Jabès seinen Anteil an der Erfindung des Buchs geltend machen. In
der Tat hat Jabès sie zwar oft gelesen, aber als ein wahrer Buch-Leser.
Als wirklicher Leser nämlich entziffert er, bevor er sich den Zeilen
zuwendet, die Wirklichkeit des Buchs, das so erst zwischen den Zeilen
wirklich wird. Als Antwort auf ihre Leseanweisungen erneuert Jabès
die Legende vom Buch. Den Antworten der Theoretiker setzt er uner-
müdlich seine Fragen entgegen, ihre vermeintlichen Wahrheiten konfrontiert er allein mit der Wirklichkeit seiner Sorge und seiner
Entschlossenheit.

Es gab wohl vor dem Krieg das berühmte Erlebnis mit Max Jacob [5],
der Jabès lehrte, daß der Schrecken angesichts der Dinge leichter im
Zauber der Worte als im Wehklagen der Sätze zum Ausdruck kommt.
Und diese Erfahrung findet ihren lyrischen Nachhall an vielen Stellen
von *Ich baue mir eine Behausung*:

«Mit meinen Dolchen
dem Engel geraubt
baue ich mir eine Behausung
wo Heldentat und Trägheit wo Krallen und Liebkosen nichts
weiter mehr sind als Mängel an der Form als tiefe Bedrängnis
verfluchter Höhe
ein und dieselbe Figur der gesprengten Ruhe der Adler die
schweben im Gedächtnis der Zeit» (JBD 101)

Dabei geht es Jabès natürlich darum, die vielen Stimmen, die er zum Klingen bringt, zusammenzuführen auf einen Weg, der die vielen Wege der Geschichte kreuzt, und keineswegs darum, die Unermeß-lichkeit von Himmel und Erde zu verherrlichen. Doch wie vielfältig die Stimmen auch sein mögen, die zu Anfang die Texte von Jabès inspirieren und ihren vielfachen Atem einstimmen auf seine schon ganz eigene Stimme, Jabès vernimmt sie, vergessen wir das nicht, als Dichter. Auf diese Weise entzieht er sich generell den Einflüssen anderer. Er schenkt den Schlagworten keine Bedeutung, läßt allein das Wort gebieten und die Kraft aus den Dingen freisetzen, auf daß es das Buch nach seiner Weise diktiere. Und gleichzeitig löst Jabès damit seine Dichtung aus der Geschichte der Dichtung heraus, wie er auch wenig später auf einem anderen Weg sein *Buch der Fragen* aus der Literaturgeschichte oder der Literatur, die Geschichte schreibt, herausnimmt.

Will man nämlich die Bücher von Jabès in eine Strömung einordnen oder eine Genealogie rekonstruieren, so muß man sie vorab aufs genaueste von der Geschichte der Philosophie her lesen. Doch deshalb kann man in Jabès noch lange nicht einen jener Denker oder Philosophen sehen, die sich, um sicher zu gehen, freiwillig einer Technik, einer Methode oder der Autorität einer Wissenschaft verschreiben.

Seine Bücher haben sicherlich alle, angefangen von *Ich baue mir eine Behausung,* wo neben den Gedichten vor allem in den Aphorismen philosophisches Denken auftaucht, über die *Bücher der Fragen,* die *Bücher der Ähnlichkeiten* bis zu den *Büchern der Grenzen*, einen philosophischen Zug; das Philosophische wird immer mehr an Bedeutung gewinnen und schließlich Auswirkungen auf die und in der Philosophie selbst haben. Schon die ersten Titel zeigen dies an: *bâtir* – bauen, *demeure* – Behausung; sie verweisen auf philosophische Fragen, ja auf die eigentlichen Fragen an die Philosophie. Und Themen wie «Ähnlichkeit», «Dialog», «Teilen», im späteren Werk von Jabès sind ebenso Themen für die Philosophie und die Gemeinschaft der Philosophen.

Wenngleich Jabès mit gewissen Philosophen auch das gleiche Erbe zu teilen scheint, so liegt doch die eigentliche Nähe[6] zur Philosophie in dem, was ihn mit ihren Anfängen verbindet. Genauer gesagt, mit jener Frühzeit der Philosophie, die dem Fragen den Vorrang gab. Mit der Frage beginnt das moderne griechische Denken. So kann denn die gesamte Geschichte der Philosophie gelesen werden als fortwährende Wiederholung und Deklination einer einzigen von den Griechen zum ersten Mal gestellten Frage: *ti esti*: was ist . . .

Von Nähe zu sprechen heißt, auch die Distanz wahrzunehmen und die Unterschiede festzuhalten. All den Philosophen, die früher wie heute Systeme entwerfen, um auf vergangene, gegenwärtige und möglichst auch auf zukünftige Fragen antworten zu können, hält Jabès einzig das systematische, stets von neuem ansetzende Fragen entgegen, das Fragen, das inmitten der Frage selbst immer neu entspringt.[7] Wie als Widerhall auf die Fragen der Philosophie und auf die . . . Antworten der Philosophen läßt Jabès einzig die Antworten des Buchs erklingen. Es sind ungewöhnliche Antworten, eher Zeugnisse denn Antworten, und jede Antwort ist eine neue Frage. Seine Weise, Zeugnis abzulegen, bringt uns – vielleicht sogar ohne dies ausdrücklich im Sinn zu haben – dazu, die Augen zu öffnen, und so gelingt es Jabès gleichsam en passant, durch sein Vorgehen, sowie die abenteuerliche Reise mit dem Buch ihren Lauf nimmt, die festgezurrtesten Knoten philosophischer Gewißheit und ontologischer Sicherheit zu

lösen und inmitten des Denkens auf das Jenseits des Denkens hinzu-
weisen.[8] Natürlich darf man nicht vergessen, daß ein bestimmtes
Verständnis des Judentums bei dieser Öffnung eine Rolle spielt; und
man darf sich dessen gewiß sein, daß die Beharrlichkeit und Kraft
seines «Judeseins», wie Jabès sagt, den griechischen Willen zum
Wissen-und-Ordnen, zum Wissen als Vorschrift, zumindest teilweise
in Frage stellen. Aber in erster Linie ist es doch der vom Lauschen auf
die Wörter, die zum ihm sprechen, erfüllte Dichter Jabès, der dem
Denken eine andere Zukunft eröffnet. Die Wörter nämlich, die von
der erstickenden Herrschaft der Grammatik teilweise befreit werden
und die dem Buch zurückgegeben werden, verleihen ihm die Kraft,
dem Denken, über das Morgen hinaus, andere, stets neue Horizonte
zu eröffnen.

Das macht seine Nähe zu Jacques Derrida oder Maurice Blanchot
aus, eine Nähe, deren Maß die Freundschaft ist, die bei Blanchot ein
Name für eine Ferne ohne Ferne wurde. Ferne des Dichters, «einen
Schritt jenseits», über die Ferne hinaus, dort begegnen sich die
Stimmen all derer, die zu lauschen verstehen und im Lauf der
Philosophie den einen immer gleichen Satz wahrnehmen.

> « Ja, ich bin dieses Murmeln, wie auch du dieses Murmeln
> bist, obgleich das eine stets vom anderen getrennt, von
> jeder Seite dessen, was – murmelnd – nichts aussagt – ach,
> erniedrigendens Lärmen» – *«wundervolles»* – «das nichts
> anderes besagt als: *es nimmt seinen Lauf»* (Maurice Blanchot,
> *Le pas au-delà*, zitiert in LM 116, dt.124).

Nicht daß Jabès auf Philosophie überhaupt verzichten wollte, aber
er wählt eine weniger strenge Redeweise. Um an das Philosophische
anzuknüpfen, zugleich aber dessen durchschaubare Ordnung zu
unterlaufen, verlangt sein Buch nach einer weniger gewichtigen Rede
als es der Diskurs ist, nach einer weniger bedrückenden Rede als die
vom Schweigen getragene. Indem Jabès nur ein *wenig* auf die
Diskontinuität im Lauf der Philosophie hinweist, indem er, *vielleicht,*

als würde er nur mit halbem Ohr, zerstreut, «wundervoll» zerstreut, hinhören, den «Dis-Kurs» der Philosophie akzentuiert, nimmt er die Philosophie beim Wort. So bringt er schließlich mit einer winzigen Verschiebung die Wahrheit des Seins zum Beben.

Und wenn nun aber die *Frage*, da sie der Stimme einen Weg weist, dabei zugleich den methodischen Zweifel, der stets vorschnell die Angst beschwichtigen will, erschüttert? . . . Wenn die *Ähnlichkeit* es unmöglich macht, Identität und Differenz so ohne weiteres voneinander abzugrenzen? . . . Wenn der *Dialog* sich von vornherein als das erneute Teilen eines Monologs versteht und dieses *Teilen* der Prolog und das Aufbrechen des Nichts ist? . . . Wenn in uns ein *Argwohn* erwacht angesichts des «Unermeßlichen» – Wüste oder Gott in der Dimension des Buchs –, zu klein, um gefaßt zu werden, zu groß, um ganz erfaßt zu werden? . . . Wenn die Andersheit schließlich zu dem wird, was sie von jeher war: die erste Bedingung für das Buch-Subjekt (vor jeder bestimmten Form von Subjektivität)? . . . Wenn . . . wenn . . . wenn . . . wenn die wenn sich häufen, so nicht mit der Absicht, alten Wahrheiten neue Gewißheiten entgegenzuhalten oder zu einer höheren Erkenntnis zu gelangen bzw. ein neues Wissen zu begründen. Jabès gibt nichts den Vorrang, läßt höchstens hie und da Vorlieben erkennen. Er weiß, daß den Schritt jenseits schon wagt, wer der Wahrheit des *Denkens des Seins* mit der Gewißheit der *Frage des Anderen* begegnet. Ebensogut weiß er aber auch, daß im Namen dieser Gewißheit dem Sein immer mehr Gewißheit zuerkannt werden wird als dem Anderen. Daß er sich von einem Philosophen wie Heidegger als «dem Denker des Seins» abwendet, bedeutet nicht, daß er nun dem Denken von Lévinas anhinge, auch wenn dieses ganz um das Ethische, den Anderen und die «Alterität» kreist.

Das Philosophische taucht im Werk von Jabès immer als etwas Zusätzliches auf, wie «ein Mehr an Buch – und nicht einfach ein Buch mehr – so wie die Hitze Grad um Grad ansteigen oder unsere

Beziehung zum Geschriebenen sich steigern mag», wie er selbst im Klappentext des *Buchs des Dialogs* schreibt. Ein Mehr, jenes subversive Mehr, das einen Schnitt macht, ohne eine Entscheidung zu fällen. Dieses «Zusätzliche» gibt Begründung und Kalkül weniger Raum als Wagnis und Ungewißheit, wie sie die Erfahrung des Buchs mit sich bringt. Diese Erfahrung ist das eigentliche Abenteuer. Sie ist befreiend. Denn dieses Abenteuer in Begleitung des Buchs läßt sich weder als Wissen festhalten noch so einfach in Wissen ummünzen.

Es ist eine abenteuerliche Erfahrung, die zwar auf nichts – auf gar nichts – abzielt, vielleicht aber doch ein Wissen einfordern will, das immer neu zu bilden und zu begründen wäre, ein Wissen, das ohne Vorgaben oder Vorschriften, beinahe frei von sich selbst, nur von vielen *vielleicht* und *beinahe* durchzogen wäre.

> «Auf jede Frage antworten mit einer Frage des Buchs»,
> sagte ein Weiser.
> (. . .)
> «All das für ein ‚Vielleicht'?»
> Talmud
> All das für ein ‚Beinah' ?
> … beinah ein Schimmer, vielleicht der Morgen?» (LP 97)

In diesem Abenteuer-Wissen sieht man vielleicht die Morgendämmerung einer sich ankündigenden Menschlichkeit aufschimmern, ist es doch ein menschliches Wissen. Dies Menschliche aber ist weder mit dem Menschlichen eines menschlichen Wesens (was hieße, daß das Wesen das Buch schreiben würde) noch mit dem Menschlichen eines allzu bücheren Humanismus ganz identisch. Es ist ein Menschliches, das zum Menschen hinzutritt, auf den Menschen bezogen. Das Menschliche noch menschlicher gewandt. Ein Mehr an Menschlichkeit. Die Qualität dieser vielleicht noch nie dagewesenen Menschlichkeit schenkt uns das Buch, dies Menschliche, das von sich selbst fast nichts weiß, wird von Jabès' «Quasi-Ontologie» freigesetzt.

Das Buch von Jabès ist, wie wohl deutlich geworden ist, zugleich einzigartig und vielfältig, offen und auf sich selbst zurückgezogen, vielgestaltig und doch von einer so klaren Ganzheit, daß es jeder Fragmentierung widersteht. Der Weg durch die Geschichte und zuallererst durch die Geschichte des Buchs hilft ihm, sich die Freiheit, von der es seinen Ausgang genommen hat, zu erobern. So lautet sein Gesetz, es ist das Gesetz seiner Autonomie, das den Gattungsgesetzen Rechnung trägt, von Filiationen und Einflüssen Rechenschaft ablegt, ja sogar an das Gesetz des Buchs rührt, um sich dann gegen all ihre Autorität aufzulehnen. *Schreiben heißt*, das *Buch schreiben* – bevor man im Buch etwas niederschreibt. Das Buch schreiben heißt, nicht länger die Zeile mit gedruckten Buchstaben zu füllen, sondern das Buch dem Gesetz des Buchs auszusetzen; «das Gesetz – Erfindung des Buchs, Erfindung eines Buchs mit Gesetzeskraft», schreibt Jabès. Und da «Schreiben das Gegenteil von Imaginieren meint», bedeutet Erfindung nicht Imaginieren, sondern Erfindung im strengen Sinn von *Deutung, die dem Gesetz Kraft verleiht, die Gesetzeskraft, die vielleicht stärker ist als das Gesetz selbst.*

Diese Freiheit des Buchs, dieser Sieg, den sie sich selbst abgerungen hat, eröffnet der Freiheit einen Raum; ein von überall her zugänglicher, nach allen Seiten hin offener Raum, der sich, ohne die Leere fürchten zu müssen, jederzeit weiter ausdehnen kann, um mehr Freiheit für das je folgende Buch zu schaffen, um daraus das Buch einer in sich erstarkten Freiheit zu machen. Diese befreiende Kraft verdanken wir dem Buch. Sie extrahiert das Buch aus sich selbst, arbeitet zuverlässiger an seiner Erweiterung, an unserer Freiheit, als das Fortschreiten der Zeit es vermöchte. Wir werden *morgen* nur frei sein, wenn das *Morgen* Schrift wird. Daß das Morgen die Tage des Buches zu durchdringen vermag, verleiht dem Werk von Jabès eine erstaunliche Aktualität. Erstaunlich, da zeitlos, erstaunlich, da modern, doch insofern von einer ganz inaktuellen Modernität, als die Modernität des Jabèsschen Buchs darin besteht, im Modernen das Klassische zu zitieren, im Klassischen die Moderne anklingen zu lassen.

Das Klassische einer schlichten und klaren Sprache; eine scheinbar zeitlose Sprache, in der das Französische in gewisser Weise unvergänglich wird und so ein Gedächtnis in sich wahrt, das, da es weit mehr als nur die bloße Erinnerung an eine Kultur zu überliefern vermag, darüberhinaus die Originalität seiner Herkunft zu erkennen gibt.[9]

Klassisch sind auch manche der Fragen, die nach dem Menschen suchen oder Gott hinterfragen. Fragen, die zuweilen noch, nur ab und an, die klassische Form der Frage annehmen; sie offenbaren die Furcht angesichts der Schöpfung und zeugen zugleich vom dringlichen Wunsch, dem Bedürfnis, eine Antwort zu erhalten.

> «Mauern errichten, ist das nicht Leben?» (LQ 104, dt. 120)

Das Klassische findet man auch in der Form wieder, die nicht nur an der Einheit des Buchs festhält, sondern diese noch verstärkt, indem sie Buch und Welttheater eins werden läßt. Welche Form könnte im übrigen für sich in Anspruch nehmen, das Tosen der Welt in Worte zu fassen, ohne mit dem Buch zu ringen?

> « Es schien mir, daß ich zwischen Leben und Tod kreiste, seit Jahrhunderten – und dieses Leben und dieser Tod waren die meiner Rasse –, um an jenem entstehenden Ort ans Ziel zu gelangen. (. . .)
> Fern vom Hafen wuchs das Schiff. In dem Maße, in dem ich der offenen See die Stirn bot, wurde mein Buch zu dem einzigartigen Ort, wo alle Wege sich kreuzen und uns fordern; aber ein Schrei durchbohrte mich, und auf diesen Schrei habe ich mein Leiden gebaut, um von Ozean zu Ozean zu strömen.» (LQ 29, dt. 27)

Klassisch ist schließlich die Zeit des Buchs, die dem Buch die Zeit läßt, die es zum Schreiben braucht, die der Gegenwart die Zeit läßt, das Verbum durch alle anderen Zeiten zu beugen, um das Buch hervorzubringen. Klassisch und auch schon modern, da bei Jabès die

Form und die Erzählung des Buchs die Ursprünge der heutigen Moderne im Gedächtnis bewahren.

Man könnte so viele Bezüge herstellen; da wäre etwa Kafka zu nennen, der so meisterhaft Fremdheit und Judentum zu verbinden, ja die Fremdheit seines Judaismus umzusetzen verstand, indem er die Erzählung in ihrer absoluten Notwendigkeit – denn von der Erzählung wird das Gesetz abgeleitet[10] – mit der Unmöglichkeit jeden Erzählens – denn das Gesetz verlangt von uns, alles zu sagen, noch bevor wir zu sprechen beginnen können – vereinte.[11] Vor Kafka könnte man auch Proust nennen. Auch er wußte schon, daß man die Suche nach sich selbst nicht nur in der ersten Person betreiben kann, sondern daß dies eine Komposition aus multiplen Personen verlangt; und er war sich bewußt, daß das Buch mit dem, was *als* Gedächtnis bleibt, *geschrieben wird* und von dem, was *im* Gedächtnis bleibt, *zerstört* wird.

Man könnte auch noch einmal an die Wahlverwandtschaft mit den klassischsten Vertretern unserer Moderne, den deutschen Romantikern erinnern.[12] Eine Verwandtschaft, die eher auf der Unbedingtheit des Bruchs als auf irgendeiner zweifelhaften formalen Analogie beruht. Abgesehen davon, daß es ebensoviele Formen des Fragments gibt wie Weisen, den Bruch zu vollziehen, ebensoviele Arten des Bruchs wie bewahrenswerte Sätze, ist keineswegs klar, ob es sich bei der Form, die Jabès in seinen Arbeiten meist verwendet, überhaupt um die des Fragments handelt, wie so oft behauptet wurde. Die Vielfalt der Formen frappiert natürlich den Leser. Der Übergang von der Erzählung zum Aphorismus, vom philosophischen Gedanken zum lyrischen Gedicht, vom Gedicht zum Tagebuch oder zur Erzählung eines Traums, die typographische Gestaltung (Klammern, Kursivschreibung, Anführungszeichen, lauter Mittel, Sprache zu zitieren, andere Sprache in seiner Sprache als Zitat erscheinen zu lassen), das Abwechseln von kurzen und langen Sequenzen – all das scheint zur Brechung des Buchs beizutragen. Das Buch weist scheinbar alle äußeren Zeichen von Modernität im allergängigsten Sinn auf. In Wirklichkeit aber präsentiert das Buch von Jabès ein ganz anderes

Miteinander der Formen, das diesen engen Begriff von Modernität verändert. Es ist, wie stets im Werk von Jabès, ein diskreter Vorgang; zwar behalten alle Formen ihr je eigenes Grundmuster, aber die festen Umrisse lösen sich auf. Diese Erinnerungsspur der Formen unterstützt die Einfachheit des Ausdrucks: Sie zeichnet stets eine Linie für eine nichtlineare Erzählung vor, entwirft einen Kommentar für ein sprachloses Denken, findet ein Wort für das Gedicht jenseits der Worte. Aber wie die Formen sich von sich aus zurücknehmen und ihre Grenzen verschieben, so geben sie sich auch gegenseitig Form, dialogisieren miteinander und tauschen sich aus, und sie verstärken dadurch den Eindruck einer Einheit jenseits von bloßer Gleichförmigkeit.

So wird die Erzählung vom Lyrischen ihrer Sprache durchdrungen, das Denken von der Erzählung transportiert, das Lyrische vom Gedankenwort getragen. Das ist die Dimension des Buchs, die Dimension des Schriftstellers Jabès: anderswo sein und sich im Anderswo anders ansiedeln. So wird dieser eine weitere Schritt bewahrt, dieser von der Wüste nur geborgte Schritt, dessen Spur, kaum geprägt, auch schon wieder verschwindet; ein Schritt mehr des Schöpfers wie des Schriftstellers, der sie einander annähert, ohne sie doch eins werden zu lassen. Singularität des Dichters.

Die Modernität von Jabès, die ihn weit über den Gelehrtenstreit zwischen Modernen und Postmodernen hinaushebt, liegt letztendlich in der Vielfalt der Bücher begründet, die das Jabèssche Buch in sich trägt, in der Freiheit der Lektüren, die das Buch einfordert.

Jabès muß nicht unentwegt zurückgreifen auf das Subjekt, den Autor, die Personen, die Handlung. Jedes Buch wurde von vielen Händen geschrieben, wird mehrfach geschrieben, schreibt sich fort in der Zeit und in der Perspektive der Zeit, die das Buch entwirft. «Die Hand gibt die Hand», schreibt Jabès (MM VI). «Die Hand ist Zukunft» (MM VII), fügt er hinzu. «Du bist der, der schreibt und der geschrieben wird», auf ewig. Schon das Motto des ersten *Buchs der Fragen* hatte ja die Notwendigkeit und die Rätselhaftigkeit eines Subjekts für das

Buch in Erinnerung gerufen. Jedes folgende Buch wird bestätigen, daß es gilt, das Subjekt zwischen Schöpfung und Schrift in der Schwebe zu halten[13]; daß das Subjekt ohne Gott, ohne Herr und Meister, ohne Identität, die es unterjochen könnten, auf der Suche nach sich selbst ist, indem es sich schreibt, daß es sich schreibt, indem es sich mittels Personen sucht, die genaugenommen niemand sind, all das sind Indizien für die Bejahung des Subjekts. Bei Jacques Derrida lesen wir: «Es handelt sich also wirklich um eine Arbeit, eine Entbindung, eine langsame Zeugung des Dichters durch das Gedicht, dessen Vater er ist (. . .). Der Dichter ist also durchaus das *Sujet* des Buchs, seine Substanz und sein Meister, sein Diener und sein Thema. Das Buch aber ist das Sujet des Dichters, des sprechenden und wissenden Wesens, das *ins* Buch *über* das Buch schreibt. Diese Bewegung ist zunächst Dichtung und Geschichte. So beschreibt das Buch der Fragen auf diese Weise die Erzeugung von Gott selbst».[14] Erzeugung Gottes oder vielleicht auch nur – aber ist das nicht sogar mehr? – Selbsterzeugung des Schöpfers, der, *indem er die Biographie dem Werk überantwortet*, zum Schriftsteller wird. Jenseits der vielen verwirrenden Ähnlichkeiten, die dem einen Gesicht die autobiographischen Züge nehmen – «Der Nagel hat als Bilde das Loch. Maliziöser Spiegel. Das Loch zum Pfand den Nagel» (Et 9, dt. 7), flüstert uns der Fremde zu – stoßen wir auf Bruchstücke eines Lebens, und schon fühlt sich jeder in seiner Überzeugung bestätigt: Kein Buch ist so sehr von der Suche nach einer Biographie durchsetzt wie das Jabès'sche Buch, kein Buch stärker von einem Subjekt geprägt! Doch was, wenn dieses Subjekt sich ausschließlich als Dichter versteht? . . . Wenn es sich als solches aufhebt . . . wenn es ohne Eigenschaften bleibt . . . ist es dann noch ein Subjekt? So etwas wie ein Subjekt? Das Subjekt des Buchs vielleicht?

Die einzig mögliche Antwort, die einzige, die es ihm erlaubt, sich zu artikulieren, ist die Antwort, die das Buch schreibt: «Das 'Ich' ist das Wunder des 'Du'», lesen wir im *Buch des Dialogs* (34), und wie ergänzend heißt es im Motto von *L'Ineffaçable l'Inaperçu*: «Du nimmst wahr, was mit dir zusammen verschwindet».

Wer weiß, ob dieses Subjekt, von dem hier die Rede ist, nicht gar die erste der Personen des Buchs ist, die sich von sich selbst löst, um besser in den Zeilen des Textes aufzugehen. Ein Subjekt, das den Personen seine alltäglichen Erlebnisse und Gesten aufzwingt, das durch ihre Stimmen das Auf und Ab des Denkens zum Ausdruck bringt und so Personen nach seinem Maß erschafft, sie nach Maß des Buchs schreibt . . . Personen, die nicht existieren; jedenfalls nicht als Personen!

Sie existieren nicht, ob man nun an einem traditionellen Romanschema festhält, das einen Helden verlangt, der wirklicher als die Wirklichkeit wäre, oder ob man neuere Romankonzeptionen vertritt, die mal den Antihelden, mal den Überhelden entdecken oder uns darauf stoßen, daß es keine Helden mehr gibt, die die Leere einer mit einem Mal in die Leere verliebten Natur oder Kultur ausfüllen könnten. In jedem Fall Helden, die weiterhin der Autorität einer latenten Wirklichkeit unterstehen und so dem Buch gegenüber zumeist Fremde bleiben.

Die Personen von Jabès *existieren* nicht, aber *sie sind, weil sie im Buch sind*, und zwar so, wie sie im Buch sind. Ihr «Sein» verweist auf ein «Wesen», das jeglichem Gegensatz zwischen Wesen und Existenz vorausgeht: ein Sein-im-Buch, empfangen aus der Hand des Schöpfers, verliehen von der Hand des Schriftstellers.

Sie sind sogar um so prägnanter als sie für ein Universum sprechen, das im Werden begriffen ist; sie sind Zeugen der Schöpfung, da sie ihre Unwirklichkeit der Verwirklichung des Buchs hingeben. «Auf das Wirkliche folgt eine mehr als wirkliche Unwirklichkeit, die sich des Gedächtnisses bemächtigt», verrät eine der Personen.

Aus diesem Grund sind die Personen auch nicht symbolisch zu verstehen. Sie sprengen die Grenzen der Repräsentation. Übrigens gibt Jabès nur selten eine Beschreibung von ihnen. Seine Erfahrung sagt ihm: «Je genauer man eine Person beschreibt, um so eher geht sie einem verloren; je weniger man erzählt, um so mehr sagt man.» Wenn er dennoch zu einer Beschreibung anhebt, so ist dies fast stets eine mit dem Tod verbundene Geste, die ihn von der Person loslösen soll. Als könne er eine Person loswerden, indem er sie beschreibt; als könne er mit ihr nur ins reine kommen, wenn es ihm gelingt, sich ihr entgegenzustellen und ihr das Leben zu nehmen.

> «Er hat nie mit seinem Kopf gelebt. Hier, das ist sein Kopf, mein Kopf. (...) Sein Kopf ist nicht Teil seines Körpers. Sein Körper reicht nur bis zum Hals, ein Ersatzkopf ist jederzeit zur Hand. Sein Körper ist nicht Teil seines Wesens. Seine Schultern gehören nicht zu ihm, sein Arm nicht, auch nicht seine Brust, sein Unterleib, seine Beine. Ein verfügbares Wesen, ohne Fleisch und Blut. Ein Wesen im Schatten eines Körpers, eines Kopfes, meines Kopfes.» (Y 150)

Obwohl die Personen im Buch selten im Vordergrund stehen, bleiben sie dennoch präsent. Im Buch gelingt es allen zusammen, die Geschichte wiederzufinden und so an das Wirkliche zu rühren. Da sie mit ihrem Auftauchen dem Schaffensprozeß die Richtung weisen, sollte man sie in der Reihenfolge ihres Erscheinens vorstellen.

Da sind zunächst die Rabbiner des *Buchs der Fragen*. Sie deuten und kommentieren das Buch, indem sie – in der Zeit und außerhalb der Zeit – eine Art Dialog zwischen den einzelnen Bänden herstellen. Wir vernehmen die einzigartige Stimme eines Chors mit tausend Gesichtern; doch jedes Gesicht ist hier nichts als ein Name. Wird da in Wahrheit nicht vielleicht schon eine einzelne Person sichtbar, Trägerin einer seit Jahrtausenden gegenwärtigen Stimme, die spricht, indem sie sich, wenn auch kaum merklich, von der des Schöpfers entfernt?
Dann sind da Yukel und Sarah, die unsterblich Verliebten, ewige Schatten der Geschichte. Ihre Geschichte bildet das Herzstück der ersten *Bücher der Fragen*. Ihre Stimmen verdoppeln die Kraft der Stimme des Schriftstellers, die Geschichte zu bezeugen und vor dem Vergessen zu bewahren: die Deportation, aus der Sarah wahnsinnig geworden zurückkehrt, die Todeslager, die Shoah, die Vernichtung.

Yukel wird als Sohn des Schöpfers und Bruder des Schriftstellers im Buch ewig dieses Leben voll Leid leben, ein Leid, dessen Ausmaß sich nur in der Differenz zum Leben ermessen läßt. Held und Erzähler ist er beide Male er selbst. Der Held schenkt seine Geschichte den Worten; der Erzähler leiht seine Stimme dem Helden. Einer verdankt dem anderen sein Leben.

Yukel ruft Sarah, Sarah vernimmt Yukel: sie bleiben unzertrennlich, da sie in Wahrheit ihre Erinnerungen miteinander teilen, um das Gedenken vom Alltäglichen und das Unvordenkliche von der Wunde des Tages zu erlösen. Sie haben alles gesehen. Ihre Augen sind nun *frei, alles zu sehen*, ihre Münder frei, alles Wissen auszusprechen. Dadurch nämlich, daß sie aus der Hölle zurückgekehrt sind, haben sie alles hinter sich gelassen und werden nun zur schmerzlichen Inkarnation des Buchs: Tagebuch, Briefe, Erzählungen, Stillschweigen und Schreie, der Rhythmus des Buchs folgt ihrer Eingebung, es atmet ihren Atem. Sie sind nur, weil sie als Überlebende des Buchs leben, weil sie nur als im Buch Überlebende leben. Fiktionale Personen zwar, doch in dem Maße, in dem auch der Wahnsinn der Geschichte aus der Geschichte eine grauenvolle Fiktion machen wollte.

Dann sind da noch die anderen Personen, vergessen an den Gabelungen der Geschichte: Yaël, Elya, Aely. Geistige Kinder von Sarah und Yukel, die jedoch die Zeit der Zerstörung nicht noch einmal durchleben müssen. Es sind Personen gleichsam nur am Rand des Seins, Seelen des Buchs, Körper im Buch, die die Erschaffung des Lebens ermöglichen.

Yaël etwa, Frau und lebendiges Wort in einem, zerrissen zwischen einer stummen Vergangenheit und der Zukunft, die sie in sich trägt. Sie verkörpert das Wort des Buchs; sie allein trägt einen Namen im Buch, das ihren Namen trägt. «Der Mann, mit dem sie zusammen ist, glaubt, sie, der Lügen überdrüssig, in einer Geste der Verzweiflung vernichtet zu haben.» Wäre das, was hier beschrieben wird, die

Verbindung des Menschen zu seinem eigenen Wort? Die Wahrheit des Schriftstellers, der glaubt, Wort zu halten, wenn er seine Schöpfung einzig durch das lebendige Wort erzählt? «In Wahrheit», heißt es weiter, «hat er seinem eigenen Leben ein Ende gesetzt, und dieser Mord ist nichts anderes als der Selbstmord des Schöpfers inmitten der Schöpfung». (Yaël, Klappentext)

Darauf folgt Elya, Yaëls Sohn, der seinerseits seinen Namen dem vom Buch gezeugten Buch geben wird. Welch schwindelerregende Schöpfung! Da nun aber Elya ein totgeborenes Kind ist, welche Person könnte wohl hinter seinen Gesichtszügen verborgen sein? «Im Buch ist ein Anlitz beschlossen, das wir, indem wir schreiben, mit Runzeln versehen.» Wer wird den Anderen seiner selbst nennen können? Könnte man mehr sagen? «Dieses Gesicht, auf dem sich das Schweigen einer zerstörten Leidenschaft ausbreitet, ist, bei allen Ähnlichkeiten und Brüchen, das Gesicht von Elya. (…) So trägt uns ein regloses unschuldiges Wesen in seiner provozierenden und tyrannischen Abwesenheit auf, über das Leben nachzudenken, welches *den Anderen* – sich selbst? Gott? – verschlingt». (Elya, Klappentext)

Auf Elya folgt Aely. Das fatale Gesetz der Reihe: niemand vermag etwas für oder gegen eine solche Person tun, sie ist das Auge des Ganzen und des Nichts, «Schatten eines Schattenkindes», Leere durchquerende Leere. Aely ist da, wo es nichts anderes und niemand anderen mehr gibt, um den Platz von Elya einzunehmen und den Tod von Yukel, Sarah und Yaël zu bezeugen. Aely ist angesichts dessen, was niemals war.

Yaël, Elya, Aely, drei Personen, die für dieselbe Idee der Schöpfung stehen. Drei Inkarnationen, die ihren Namen ändern, um die Geschichte zu wechseln; drei Namen, die die Geschichte verändern, indem sie den Körper des Schriftstellers sprengen, und doch die unverwechselbare Gestalt ihres buchstabenmächtigen Schöpfers behalten. Stark allein durch ihre gemeinsamen Buchstaben, drei Personen auf der Suche … nach einer anderen.

Jenseits aller möglichen Figuren kommt die Reihe an Gott. Mit welcher Grammatik vermöchte der Satz, mit welcher Chemie vermöchte das Verbum, eine Person zu bannen, die, noch bevor sie geboren wird, schon erwählt ist? Welche Umkehrung des Wortes müßte die Sprache des Schöpfers erfinden, um nicht das Schweigen der Schöpfung zu pervertieren?

Im Gegensatz zu den anderen Personen gibt es keine Einfachheit Gottes. Gott bleibt im Buch das *Andere des Schöpfers*, nicht mehr und nicht weniger. Im Buch wie außerhalb des Buchs! Nur durch das lebendige Wort des Geschriebenen wird es möglich sein, ein Zwiegespräch mit Ihm aufzunehmen. Es sind nämlich die Personen selbst, die, wenn sie das Gesetz befolgen, ihre Stimme erheben dürfen. Ihre Suche wird erfolgreich sein…

Sie werden für den Schöpfer einen Namen, den Namen eines Autors finden, El, in dem der Name Gottes widerhallt.[15] Sie unterstreichen damit ihre Entschlossenheit, die andere Wirklichkeit des Buches in ihren gemeinsamen Buchstaben zum Ausdruck zu bringen. Und diese Wirklichkeit ist allem Anschein zum Trotz im buchstäblichen Sinn eher physischer als metaphysischer Natur! Da sie selbst kein Sein haben, werden Yaël, Elya und Aely dem Gesetz ihres Buchstabens folgend El zeugen, diese Person des Buchs, die niemandes Sohn ist. Der Schöpfer hat sie nicht erschaffen. Die Person ist «eingeboren», und man findet übrigens, abgesehen vom Untertitel[16] und der ersten Zeile, seinen Namen[17] nur höchst selten im Buch von Jabès. *El* faßt als Punkt den unergründlichen Rest aller Namen der Schöpfung. Er seinerseits, *Er ist das Nichts*, nichts als dieser *Punkt, der das Nichts des Schöpfers manifest macht.*

> «Man fühlt den Pulsschlag des Dialogs
> unter der zarten Haut der Luft
> da spürt man die Adern des Tages» (JBD 182)

In *Ich baue mir eine Behausung* wurde dieses Leben bereits angekündigt. Die Personen ziehen ihre Lebenskraft aus der Schöpfung, um dem Schöpfer ihr Blut zu geben, damit dieser, trotz der grundsätzlichen Unmöglichkeit der Darstellung, *sich zeigen kann*. Indem sie seinem Leben im Buch Leben verleihen, *entwerfen* die Personen des Buchs *das Selbstporträt des Schriftstellers*.

Nach dem «letzten Buch»[18] verblassen die Ähnlichkeiten und die anderen Zeichen des Selbstporträts, und es werden neue Personen auftauchen; es sind die gleichen noch, denn auch in ihnen lebt der Schöpfer, und doch sind es andere, denn sie erscheinen im Spiegel neuer Situationen. Doppelgänger ohne Namen, die die Erzählung immer weiter verzweigen, bloße Geschöpfe, die ihre Anonymität in den Dienst des Schaffensprozesses stellen. So schreibt sich der Roman des Schöpfers fort, indem er andere Gesichter seiner selbst integriert, während er sich aller romanhaften Elemente entledigt.

Sie tauchen im Buch als Personen ohne eigentliche Identität auf und verdanken ihre vorübergehende Präsenz je neuen *Lebensabschnitten* des Schöpfers. So etwa der Briefträger im *Buch des Teilens* oder die junge Frau im *Buch des Dialogs*, die keinen anderen Namen tragen als den ihrer jeweiligen Funktion: ein Briefträger (LP, le rêve, 54), der dem Schriftsteller im Traum erscheint und ihm einen Brief mit den Buchstaben des Lebens überbringt; oder jene Frau, Frau des Buchs (LD, le rêve, 35), die den Schriftsteller mitten aus seinem Traum vom Buch reißt, als sie den schlummernden Mann nach ihrem Namen fragt.

Damit er weiterhin alles über sich erzählen kann, ohne dabei jedoch mehr über sich zu enthüllen, werden noch unzählige weitere Gestalten auftauchen, immer an den Grenzen des Buchs, an den Rändern der Seiten. Personen im Schatten der anderen Personen, die nun eine um die andere hervortreten und ihre Geschichte in ganz anderer Absicht erzählen, und die derselben Erzählung jeweils eine andere Wendung geben.

So erzählen sie etwa von der Unmöglichkeit zu leben, wie sie Alain empfindet, der junge Schüler des Schriftstellers (E 123), «der ihm eines Tages Fragen über seine Bücher stellen könnte». Oder sie erzählen von der Unmöglichkeit, nicht zu leben, so schwer es auch fallen mag, wie der alte jüdische Schneider (LY 145), dessen Kinder bei der Deportation umgekommen sind. Es ist weniger der Schneider als der Doppelgänger des Schriftstellers, der hier spricht. Er ist es, der dem Buch ein Ende schneidert; in der Erzählung vom Schneider am Ende des *Buchs von Yukel* legt er Hand an das Buch, um es auf die Dimension der Geschichte zuzuschneiden.

In den Werken von Jabès stößt man auf unendlich viele Erzählungen; Erzählungen, die immer auch mit Geschichte zu tun haben und zu uns sprechen wollen; in ihnen sind die Unmöglichkeit, vom Leben zu sprechen, und die Unmöglichkeit, über den Tod zu schweigen, miteinander verwoben. Ein symbolischer Zusammenhang, der noch eindringlicher ist als die einzelnen Symbole. Es scheint, als richteten der Schneider und Sarah sich mit ihrer Geschichte jeweils an den anderen, als tauschten sie sich über die Seiten des Buchs hinaus miteinander aus. So entsteht eine Art «écrit-récit», eine Schrift-Erzählung mit geschichtlicher Dimension, im Maßstab des Buchs. Denn bei beiden geht es um ein und dieselbe Geschichte: um das Umschlagen der Geschichte. Eine Geschichte, von der man in Wirklichkeit nur mit erstickter Stimme zu sprechen vermag. So betont zum einen die ausführliche Erzählung vom Schneider, in der die Einzelheiten in die großen Linien des Buches eingeordnet werden[19], noch einmal die Verpflichtung zu sprechen, Zeugnis abzulegen, die Erzählung dem Wort anzuvertrauen. Diese Erzählung unterstreicht *die Verpflichtung, sich Gehör zu verschaffen*, eine Verpflichtung für den, der die Geschichte überlebt hat, für ihn, den Schneider, der noch für seine Kinder sprechen kann, die bei der Deportation umgekommen sind. Zum anderen gibt es die unterbrochene Erzählung, in der die Geschichte von Sarah und ihren Eltern

Stück für Stück, bruchstückhaft sichtbar wird, ohne jedoch über die großen Linien hinaus präzisiert zu werden. «Du bist da; aber dieser Raum ist so riesig, daß Nahbeieinandersein schon solche Ferne bedeutet: Es wird uns nicht gelingen, einander zu sehen noch zu hören», lesen wir in Sarahs Tagebuch (LQ 165, dt. 189). Ob man wohl zu Sarahs Eltern leichter Zugang finden wird? Marcel Cohen schreibt dazu: «Wir folgen einer langen Aufzählung biographischer Einzelheiten, rhythmisiert durch ein einschneidendes 'Er wurde geboren in … Er starb in …' (LQ 183, dt. 209), die damit endet, daß wir von ihrem Tod in der Gaskammer erfahren. Die Aufzählung hat kein anderes Ziel, als die Bedeutungslosigkeit der hervorgehobenen Einzelheiten zu zeigen, Bedeutungslosigkeit im wörtlichen Sinn. Es ist klar, daß wir keine größere Kohärenz erhalten werden, wenn wir diese Einzelheiten näher befragen: es handelt sich keineswegs um die verstreuten Teile eines Puzzles, die es einfach nur zusammenzu-fügen gilt, sondern um die Bruchstücke einer Vernichtung.»[20] Die Einzelheiten decken etwas auf, doch sie stellen keinen Erklärungs-zusammenhang her, sie können nur andeuten, was jede Vorstellungs-kraft übersteigt. Es ist wohl diese unmögliche Geschichte, die uns durch Sarahs Überleben anvertraut wird; sie bezeugt, daß es ihr, die *um den Verstand* gebracht die Deportation aus der Geschichte überlebt hat, *unmöglich ist, nichts zu sagen.*

Yukel und der Schneider, der Schneider und Sarah: jeder spricht für den anderen. Das ist das noble Gesetz, aus dem dieses Erzählen hervorgeht und einmal mehr das Vertrauen des Schöpfers in den Schriftsteller zu erkennen gibt. «Schriften, Geschichten, écrit-récit, ein und dasselbe Wort in der natürlichen Umordnung seiner Buch-stabenfolge», heißt es in *El, oder das letzte Buch* (11). Die Erzählung ver-pflichtet die Schrift und die Schrift spricht in der Sprache der Erzäh-lung, das schienen – nacheinander – Yaël, Elya und Aely zu prophe-zeien. *Die Personen, die das Buch hervorbringt, umfassen die Personen, die die Geschichte hervorbringt.* Sie erleiden mehr als ihre eigene Geschichte; sie tragen auch die Geschichte der Schöpfung und die der Zerstörung in sich. Dieses «Mehr» ist wesentlich, denn es schreibt die Geschichte und bewirkt, daß Personen als solche erschaffen und zerstört werden. Was bleibt, ist nichts anderes als das Leben und der Tod, die dieses Mehr freisetzt, um die Schrift der Geschichte in den Schöpfungsprozeß einzubringen. «Was bleibt uns», fragt sich Marcel Cohen, «von Sarah, von Yukel und von Sarahs Eltern vor allem im Gedächtnis, wenn wir das *Buch der Fragen* weiterlesen? Daß die Eltern durch die Deportation ums Leben gekommen sind, daß Sarah wahnsinnig geworden ist und bis zu ihrem Tode in einer Anstalt bleiben mußte, daß Yukel sich selbst getötet hat. Das sind die einzigen wirklich unumgänglichen Daten und sie sind in der Gesamtökonomie der Erzählung die einzigen, die für unser Verständnis unverzichtbar sind. Man kann wohl sagen, daß es auch die einzigen Elemente sind, die diesen vier Personen und dem, was sie zu uns sagen, einen unmittelbaren und unbestreitbaren Sinn geben, letztlich die einzigen, die deren Präsenz in diesen Werken rechtfertigen.»[21]

Man entdeckt diese «Schrift-Erzählung» in ihrer ganzen Schlichtheit auch in den späteren Werken, wo der Schriftsteller dem Schöpfer noch näher gerückt ist, da er nun sein Sujet unmittelbar aus seinem alltäglichen Leben gewinnt. So entwirft er vor unseren Augen, indem er ein Detail ans andere fügt, schließlich das authentische Bild einer Ganzheit. Das wohl beste Beispiel für diese Hinwendung auf sich selbst, diese Rückwendung des Schöpfers auf sich selbst, findet man in *Ein Fremder mit einem kleinen Buch unterm Arm*. Doch macht der Rückgriff auf eine solche Erzählung *sui generis* nur noch deutlicher, daß das einzige Selbst, das zählt, nur das «Fremd-Ich» des sich stets im Werden befindlichen Schriftstellers sein kann. Die Rückwendung ist nur eine listige Figur in einer ganz anderen Rhetorik. Das kann man auch an jenen Seiten ablesen, «deren Titel der Buckel hätte lauten können»; diese «Bekenntnisse», die nichts Vertrauliches eingestehen, diese Geständnisse, die nichts preisgeben, zeigen sogar am Körper des buckligen Schöpfers die Spuren einer schweren Bürde. Der Buckel ist in erster Linie Ausdruck jener gekrümmten Haltung, die der Schriftsteller unweigerlich annehmen wird, wenn er sich über seinen Arbeitstisch beugt, und die auch der Schöpfer einnimmt, wenn er sich immer weiter vorbeugt, um die Windungen seines Schicksals verfolgen zu können. Das ist alles andere als eine Stilfigur. Auch hier darf man Schöpfer und Schriftsteller keinesfalls miteinander verwechseln, selbst wenn sie sich am Ende des Weges einander angenähert haben. Ihr Ziel ist, nebeneinander zu existieren, über das Erschaffene, dem sie ihr Leben verdanken, hinaus, so lange als möglich gemeinsam zu existieren, bis dann der Tod sie unfehlbar ineinander aufgehen läßt. Ein gemeinsamer Körper mit zwei Händen, aber nur von einer Sache beseelt, der Erzählung nämlich, die von sich selbst spricht, zwar mit einer einzigen Stimme, aber doch mit unterschiedlichen Timbres.

Mit erhobener Stimme, um im Schöpfungsprozeß das Feuer des Lebens zu nähren, mit gesenkter Stimme, um in der Schrift die Asche des Todes zu bewahren. Diese einzige Stimme wird allmählich ersterben, um selbst im letzten Atemzug noch der Geschichte all dessen, was uns stumm werden läßt, Ausdruck zu verleihen; diese eine doppelte Stimme teilt noch den letzten Atemzug, um nur ja nicht durch ein allzu machtvolles Wort die Asche aufzuwirbeln und so die Flamme des Lebens zu ersticken.

Es scheint fast, als habe Jabès den Gedanken von Walter Benjamin, einzig das Detail ließe etwas aufscheinen, wiederaufnehmen wollen. Die Erzählung von Jabès ist keine große Erzählung. Sie fügt sich nur zusammen, indem sie in ebensoviele Erzählungen auseinanderfällt, wie es Münder gibt, sie zu erzählen. Ihr Ziel ist es, immer weniger der Totalität das Wort zu reden und sich immer mehr dem einzelnen Detail zuzuwenden. Daraus zieht auch *Récit* seine Kraft. Eine befreiende Kraft, die Stück für Stück die lebendige Gesamtheit aller Details der bloßen Totalität entgegenhält und den Totalitarismus zum

Schweigen zwingt. Das ist die Freiheit der Schrift, die Schrift, die der Welt anhand eines Details die Augen öffnet und ein Bild von ihr entwirft, dank dessen diese Welt eines Tages vielleicht den Sinn unserer Geschichte begreifen mag.

> «Im Gegensatz zu dem, was man gemeinhin denkt, ist die Fiktion nicht *a priori* Lüge. Für den Juden liegt die Wahrheit in der Erzählung; sie ist gar die Erzählung. (...)
> Die Art und Weise, in der die Geschichte dargelegt wird, täuscht nicht, gänzlich auf die Einzelheit ausgerichtet, wie sie ist. Die Einzelheit könnte niemals verfälschen.»
> (P 30, dt. 33)

> «Du glaubst, alles zu sehen. Du siehst nichts. Verweile auf einer Einzelheit. Das Auge *wird begreifen.*» (P 19, dt.18)

Aus dem Französischen von Gisela Febel und Jutta Legueil

Anmerkungen

[1] Der Judaismus mißt nicht nur dem geschriebenen Gesetz, der Tora, sondern auch der schriftlichen Fixierung des mündlichen Gesetzes, dem Talmud, wesentliche Bedeutung bei. Dessen Niederschrift erstreckt sich über einen relativ langen Zeitraum: sie beginnt etwa 200 Jahre vor unserer Zeitrechnung und reicht bis ins 6. Jahrhundert. Der Talmud besteht aus zwei Teilen: aus den 63 Traktaten der Mischna, einer Sammlung der traditionellen Gesetze und aus der Gemara, dem Mischna-Kommentar. Man unterscheidet zwischen dem Jerusalemischen Talmud, der auf die Mischna-Kommentare der palästinischen Akademien zurückgeht, und dem späteren Babylonischen Talmud.
Die Babylonische Gemara stammt aus dem 4. und 5. Jahrhundert.

[2] Türen und Schlüssel haben eine wesentliche Bedeutung in den Werken von Jabès. Bereits in *Ich baue mir eine Behausung* gibt es zahlreiche Belege hierfür: «Chanson de la porte étroite» (68), «Porte de secours» (155), «Le lien et les heures (La porte)» (270), etc.

[3] Jacques Derrida, Edmond Jabès et la question du livre, in: *L'Écriture et la différence*, Paris 1967, S. 106. Dt.: Edmond Jabès und die Frage nach dem Buch, in: *Die Schrift und die Differenz*, Frankfurt /M. 1972, S. 109.

[4] Wir denken hier vor allem an eine «französische» Variante, denn den deutschen Frühromantikern, wie beispielsweise den Gebrüdern Schlegel, ist der Mythos von der quasi-göttlichen Inspiration eher fremd.Vgl. Philippe Lacoue-Labarthe, Jean-Luc Nancy, *L'Absolu littéraire*, Paris 1978.

⁵ Cf. Didier Cahen, *Edmond Jabès*, Paris 1991, S. 310f.

⁶ Diese Nähe kommt übrigens noch deutlicher in der Schlichtheit der Jabès'schen Sprache zum Ausdruck, die manchmal an die Sprache bestimmter Vorsokratiker erinnert.

⁷ Cf. Didier Cahen, op. cit., Teil I, Kapitel 3 und Bibliographie. Vgl. auch J. Derrida (op.cit), A. Fernandez-Zoïla, *Le Livre, recherche autre d'Edmond Jabès.* Paris 1978 (im besonderen die Kapitel IV und VIII) sowie die Arbeiten von François Laruelle.

⁸ Statt von Ontologie könnte man vorläufig auch von der «Wissenschaft vom Sein» sprechen.

⁹ «Eine Sprache von unvergleichlicher Dichte, schwarzer Quarz; eine unvermittelte und eindringliche Verdichtung der Stimme; eine lyrische und zugleich abstrakte Nüchternheit, die einen erschaudern läßt», wie Roger Caillois schreibt (*Les Nouveaux Cahiers*, no 31). Dichte und Nüchternheit, Lyrismus und Abstraktion: es ist, als ob die Fremdheit von Jabès (der vor solchen scheinbaren formalen Widersprüchen nie gefeit ist) allein schon in und durch die Reinheit der Sprache zum Ausdruck kommt. «Meine Muttersprache ist eine Fremdsprache. Ihr habe ich es zu verdanken, daß mir meine Fremdheit vertraut ist» (LD 87). Wir begegnen hier der Schlichtheit einer Sprache, deren Bestreben es ist, über die simple *Fähigkeit der Sprache* (Fähigkeit zu bedeuten, sich Gehör zu verschaffen) hinauszugehen, und die gerade darum um so vielsagender ist. Natürlich wird die Sprache manchmal, wo es notwendig ist, kompliziert. Jabès erinnert gerne daran, daß man, um das «Alter» seiner Rabbiner bestimmen zu können, den Weg der Sprache gehen muß: die Ältesten sprechen die einfachste Sprache. Die Reden der Jüngeren sind komplizierter, denn sie müssen alle Antworten, die auf jene Fragen, von denen sie sprechen, schon einmal gegeben wurden, mit in Betracht ziehen (vgl. den Talmud, wo die «Reinheit der Sprache der Beweis für das hohe Alter ist», wie Ouaknin schreibt). Wenn die Sprache von Jabès auf unterschwellige Anspielungen verzichtet, so deshalb, weil sie letztlich nichts zu enthüllen oder aufzudecken hat. Man müßte die Beziehung zwischen der Einfachheit der Sprache und der Einfachheit der Lektüre, zu der sie uns auffordert, aufzeigen und dies wiederum in Zusammenhang bringen mit der Tatsache, daß Jabès' Vorgehensweise weder auf irgendeiner «Politik des Schreibens» noch auf irgendeiner «Strategie» beruht. Unsere Lektüre wird Jabès um so eher gerecht, wenn wir akzeptieren, daß es in Wahrheit keinerlei Geheimnis oder Rätsel gibt, nichts zu finden, nichts zu entdecken gibt; das Geheimnis liegt, wie bei Henry James, darin, daß es kein Geheimnis gibt; aber diese Einfachheit zuerreichen ist ein beschwerlicher Weg.

¹⁰ Wir denken hier an die Textkategorie, die Aggada genannt und mit der Halacha zusammen den Talmud bildet. Ouaknin beschreibt den Unterschied: «Die Halacha ist der juridische Text des Talmud und umfaßt sowohl die religiöse als auch die weltliche Seite des Rechtes […]. Was ist die Aggada? All das, was im Talmud nicht zur Rechtsdiskussion gehört und nicht zur Erklärung der Halacha. Sie umfaßt nicht nur die Homiletik, die Verkündung und die unterweisende Bibelauslegung, alles, was zum Herzen spricht, um es anzurühren, zum Geist, um ihn zu überzeugen, sondern man findet dort auch die wirkliche oder legendäre Geschichte (Berichte von der Tempelzerstörung) wie Überlegungen über die verschiedensten Wissenschaften (Mathematik, Astronomie, Physik, Medizin, Naturgeschichte, Botanik). Man findet

dort die Darlegung der Symbolik der Träume und ihre Interpretation, verschiedene Ansichten über das Weltzeitende, die Epoche des Erlösers, die Wiederauferstehung der Toten », *Le Livre brûlé*, Édition Lieu commun 1986, S. 57. Dt.: *Das verbrannte Buch*. Weinheim, Berlin 1990, S. 66.

[11] Neben Kafka denken wir hier an Maurice Blanchot, der in seiner Erzählung *La Folie du jour* (Fata Morgana 1973) diese gesetzlosen Gesetze des Erzählens ans Licht bringt.

[12] Cf. *L'Absolu littéraire*, op. cit.

[13] Wir verweisen hier auf unsere ausführliche Darstellung der einzelnen Texte von Jabès in: Didier Cahen, op cit., Teil II.

[14] Jacques Derrida, op. cit., S. 100f. Dt.: op. cit., S. 103f.

[14] Warren Motte unterstreicht zu Recht, daß bereits Yaël weniger «Körperlichkeit» besitzt, «körperloser» erscheint als Sarah und Yukel; Elya spricht bereits von jenseits des Todes zu uns; Aely ist nur noch ein körperloser Blick; El schließlich ein Punkt, nichts als ein Punkt (*Questionning Jabès*, University of Nebraska Press 1990, S. 43). «'Gott, *El*, trat, um sich zu offenbaren, als Punkt in Erscheinung', Kabbala» (El 7).

[16] Wir möchten daran erinnern, daß der Titel des letzten *Buchs der Fragen*, von dem hier die Rede ist, ein Punkt ist. *El, oder das letzte Buch* ist nur der Untertitel bzw. ein Zusatz.

[17] Er taucht fast auschließlich in den Schemata der Schöpfung auf (z. B. El 45); gleichsam als Rest.

[18] Nicht nur *El*, wo dies ausdrücklich ist, sondern jedes Buch von Jabès ist als letztes Buch und als das letzte Buch geschrieben. Vgl. unseren Beitrag zum Kolloquium über Jabès in Cerisy-la-Salle (in: *Écrire le livre: autour d'Edmond Jabès*, Éd. Champ Vallon 1989, S. 63).

[19] Die Erzählung (LY 144) beginnt, als der Erzähler von Sarahs Tod erfährt. Kein ande res Detail im Buch gibt in irgendeiner Form Aufschluß darüber, welcher Zusammenhang zwischen Sarahs Tod und der Erzählung vom Schneider besteht, selbst wenn dieser auf den *Preis* verweist, *den man zu bezahlen hat*, auf die Zeit, die notwendig ist, um die Wunden zu heilen.

[19] Marcel Cohen, *A propos de Sarah et de Yukel*, Kolloquium in Cerisy-la-Salle, op. cit., S. 255. Dt.: s. S.

[20] Ibid.

«Als ich zwölf Jahre alt war, verlor ich den Himmel»

Paul Auster im Gespräch mit Edmond Jabès*

PAUL AUSTER: Die Leser halten Sie für einen französischen Schriftsteller, aber tatsächlich wurden Sie in Ägypten geboren und kamen erst 1956, während der Suez-Krise, im Alter von 44 Jahren nach Frankreich. Ich habe mir oft überlegt, daß *Das Buch der Fragen* wohl nie geschrieben worden wäre, wenn Sie in Ägypten hätten bleiben können.

EDMOND JABÈS: Ja, ich denke, es ist wichtig, das zu erwähnen. Außer den paar Jahren, die ich als Student in Frankreich verbrachte, habe ich immer in Ägypten gelebt. Ich bin in Ägypten aufgewachsen, ich habe in Ägypten geheiratet, und ich habe in Ägypten Gedichte geschrieben . . . 1959, wenige Jahre nach meiner Ankunft in Frankreich, veröffentlichte Gallimard *Je bâtis ma demeure*, eine Sammlung all der kleinen Gedichtbändchen und Druckschriften, die ich bis dahin in Kairo und Frankreich veröffentlicht hatte . . . Ich habe sozusagen immer an den Rändern gelebt, obwohl meine frühen Gedichte den Surrealisten sehr nahe standen und viele meiner Freunde Surrealisten waren. Eluard zum Beispiel wollte unbedingt, daß ich mich der Gruppe anschließe, aktiv an ihrer Bewegung teilnehme. Aber ich habe mich immer geweigert, mich welcher Gruppe auch immer anzuschließen. Schon von den allerersten Anfängen an fühlte ich, daß man die Risiken des Schriftstellers allein tragen muß. Die Vorstellung, diese Risiken teilen zu können, empört mich. Damit wird einem etwas sehr Wichtiges genommen, denn was mich betrifft – wo kein Risiko ist, da ist auch kein Schreiben.

* Eine gekürzte Fassung dieses Interviews erschien in: Bogen 30, Carl Hanser Verlag, München 1989. Wir übernehmen die Übersetzung von Marianne Menzel und ergänzen. (A. d. V.)

PA: Aber als Individuen waren die Surrealisten wichtig für Sie, als individuelle Schriftsteller . . .

EJ: Sehr wichtig. Und ich spürte, daß mein Werk dem ihren verwandt war . . . Ich muß auch sagen, daß Max Jacob mein erstes Vorbild war. Durch Max Jacob habe ich außergewöhnlich viel über Dichtung gelernt. Wir begegneten uns 1935 und haben bis zum Krieg, bis 1940 miteinander korrespondiert. Ich schulde ihm wirklich viel. Die Surrealisten waren, wie Sie wissen, gegen Max Jacob seines Glaubens wegen sehr ungerecht. Heute jedoch beginnen wir, die Bedeutung seines Werkes zu verstehen und erkennen, welchen Wendepunkt es in der Dichtung darstellte. Mehr als alle anderen aus dem Kreis der Surrealisten, stellte er die Sprache in Frage. Apollinaire z. B. war ein bedeutender lyrischer Dichter, ein Dichter des reinen Gesangs; aber Max war etwas ganz anderes, und es bewegte mich, wie er die Sprache befragte. Alle hielten ihn für einen Spaßvogel, der mit Wortspielen, Witzen und sprachlichen Tricks herumspielt, doch das war nicht der Fall. Das war nur der oberflächliche Eindruck; unter dieser Oberfläche war Max ein Mensch voll quälender Zweifel und Ängste. Natürlich hatten die Surrealisten einen großen Einfluß auf meine Arbeiten, aber es gab auch wesentliche Unterschiede. Wenn ich jetzt auf meine frühen Gedichte zurückblicke, verblüfft es mich, wie sehr sie schon auf *Das Buch der Fragen* vorauszuweisen scheinen. Zum Beispiel auf die Aphorismen, obwohl ich damals noch keine Ahnung davon hatte ... Aber wie Sie sagen, ich glaube, daß ich *Das Buch der Fragen* nicht geschrieben hätte, wenn ich in Ägypten geblieben wäre. Dieser Bruch in meinem Leben war wichtig für meine Erfahrung von Ägypten, meine Erfahrung der Wüste, damit sie auf diese Weise in mein Schreiben einfließen konnten. Diese Bücher entstanden als Folge jenes Bruches ... als Folge meiner Vertreibung aus jenem Land, weil ich Jude war. Eines Tages wurde mir gesagt, so ist es, Sie müssen fort. Gut. Es war eine kleine Tragödie für mich und meine Familie. Auf einer persönlichen Ebene war es sehr ernst, natürlich, aber in einem weiteren, menschheitlichen Sinn, als Teil der Geschichte jüdischer Leiden, war es nur eine kleine Tragödie. Aber da stand ich nun, weder praktizierender noch gläubiger Jude, aber zur Emigration gezwungen, weil ich Jude war.

PA: Sind Sie in einer religiösen Familie aufgewachsen?

EJ: Nein. Unsere Familie war sehr bürgerlich. Wir haben uns zwar immer als Juden betrachtet, aber nicht mehr. Mein Vater hat nicht wirklich an Gott geglaubt, und er hat nur wenige jüdische Bräuche befolgt. Wir wuchsen in einer Atmosphäre völliger Freiheit auf . . .

PA: Erhielten Sie keine jüdische Unterweisung?

EJ: Nein, keinerlei. Aber die Tatsache, plötzlich einer Bedingung unterworfen zu sein, der Bedingung, jüdisch zu sein, hat alles für mich verändert. Ich wurde mit neuen Problemen konfrontiert, und das brachte mich auf eine völlig neue Art des Fragens. In gewissem Sinne war es der Ursprung der Bücher, die dann folgten . . .

PA: Natürlich gab es lange vor der Suez-Krise den Krieg. Die Lage der Juden zu dieser Zeit in Europa muß hier nicht dargelegt werden. Weniger bekannt ist jedoch, wie die Situation damals in Ägypten war.

EJ: Sie war ebenso dramatisch wie überall. Aber ein bestimmter Teil der Bevölkerung – die gebürtigen Ägypter – war weder für die Alliierten noch für die Deutschen. Die führende Schicht des Landes war wegen der türkischen Abstammung der königlichen Familie pro-deutsch gesinnt. Doch Ägypten war damals auch von den Engländern besetzt, und obwohl wir wußten, daß der Krieg andauerte, spürten wir dies nicht. Der Krieg wurde für uns erst mit Rommels Vormarsch Wirklichkeit. Damals wurde ich ziemlich aktiv . . . und ging schließlich mit den britischen Truppen nach Palästina. Ich blieb dort neun

Monate. Erst da wurde uns wirklich bewußt, was alles in diesem Krieg auf dem Spiel stand. Wir verstanden, welche Folgen es haben würde, wenn die Deutschen den Krieg gewinnen würden . . . Aber dennoch waren wir nicht gezwungen, die Situation so zu erleben, wie sie die Menschen in Europa erleben mußten. Es gab keine deutsche Besatzung, niemand wurde deportiert . . . wir wurden gewissermaßen von den Engländern beschützt. Schon 1935 jedoch gaben uns die jüdischen Flüchtlingsschiffe, die in Port Said ankamen, eine ungefähre Vorstellung von den Entsetzlichkeiten, die in den Lagern begangen wurden; wir sahen Frauen, deren Arme und Nacken mit Zigarren und Zigaretten verbrannt worden waren, und die Menschen erzählten uns ziemlich viel über das, was dort geschah. Wie viele andere protestierte auch ich gegen das Erstarken des Nazismus. Es gab viele Protestmärsche und Demonstrationen . . . was jedoch nicht bedeutet, daß wir unmittelbar von dem betroffen waren, was vor sich ging.

PA: Man könnte Ihre Situation mit der der amerikanischen Juden vergleichen. Sie wußten, was geschah, aber Sie waren nicht unmittelbar bedroht . . .

EJ: Ja, genau so war es. Das ist ein sehr guter Vergleich . . . In Ägypten haben sich die Dinge erst nach Kriegsende verschlechtert. Nach der Proklamation des Staates Israel 1948 wurde die Situation der Juden sehr schlecht. Die Propaganda-Attacken begannen. Zunächst gegen die «Zionisten», doch sehr schnell wurde das Wort «Zionisten» durch das Wort «Juden» ersetzt. Das Volk, das ägyptische Volk begriff eigentlich gar nicht, was geschah. Wenn Sie aufgerufen wurden zu demonstrieren oder jüdische Geschäfte anzugreifen und anzuzünden, taten sie es, natürlich, aber nur, weil sie in großer Armut lebten und dies ein sozusagen offiziell genehmigter Weg war, ihrem Unmut Luft zu machen. Aber ich kann nicht wirklich behaupten, daß das einfache Volk zutiefst antisemitisch gewesen wäre. Die Anführer waren die Intellektuellen und die Studenten . . . mit einer wirren Mischung aus

Marxismus, Nazismus und einem Mischmasch anderer Ideen. Die Juden waren natürlich die ersten, die angegriffen wurden, weil Israel als Feind des ganzen Mittleren Ostens, aller arabischen Länder galt. Da die arabischen Länder untereinander nicht zurechtkamen, kam ihnen Israel als Sündenbock gelegen. Und nach und nach wurden in diesen Köpfen alle Juden zu Israelis ... Man machte keinen Unterschied mehr. Mit jedem Krieg wurde die Situation schlimmer. Und 1956 war es nicht länger möglich zu bleiben.

PA: War die Idee des Staates Israel eine Versuchung für Sie? Haben Sie, zum Beispiel zwischen 1948 und 1956, daran gedacht, dorthin zu ziehen?

EJ: Nein, niemals. Ich habe Israel nie für eine Lösung des Problems gehalten. Nicht weil ich gegen Israel wäre ... ganz im Gegenteil. Aber ich halte es für falsch, darin die einzig mögliche Antwort zu sehen ... Auf der einen Seite gibt es das Israel der jüdischen Geschichte, den uralten Traum von Israel, und auf der anderen Seite gibt es den Staat Israel, ein Land unter vielen anderen Ländern der heutigen Welt. Das ist nicht dasselbe ...

PA: So fiel Ihre Wahl unvermeidlich auf Frankreich.

EJ: Es war unvermeidlich, weil Französisch meine Sprache ist, die Sprache meiner Bücher. Ich wurde überall in Frankreich sehr freundlich empfangen. Aber ich könnte unmöglich behaupten, daß Frankreich mein Land ist, daß es meine Landschaft ist ... Ich fühle mich ein bißchen verloren in Paris, obwohl ich hier von Freunden umgeben bin und es mir gut geht. Es ist nicht meine Landschaft, nicht mein Ort, mein wahrer Ort. In einem gewissen Sinn durchlebe ich jetzt die historische Bedingung des Jude-Seins. Das Buch ist mein wahrer Ort geworden ... praktisch mein einziger Ort. Diese Idee ist für mich äußerst wichtig geworden, so sehr sogar, daß die Bedingung, ein Schriftsteller zu sein, nach und nach für mich fast dasselbe geworden ist wie die Bedingung, Jude zu sein. Ich empfinde es so, daß jeder Schriftsteller auf eine gewisse Weise diese Bedingung des Jude-Seins durchlebt, weil jeder Schriftsteller, jeder Schöpfer, in einer Art von Exil lebt. Und für den eigentlichen Juden, den Juden, der unter der Bedingung des Jude-Seins lebt, ist das Buch nicht nur zu dem Ort geworden, wo er am ehesten sich selbst finden kann, sondern auch der Platz, an dem er seine Wahrheit findet. Das Befragen des Buches für den Juden ist, wie Sie wissen, eine Suche nach der Wahrheit. Und diese Wahrheit ist auch die Wahrheit des Schriftstellers. Wenn der Schriftsteller das Buch befragt, so allein, um in die Wahrheit des Buches einzudringen, die seine Wahrheit ist.

PA: Wie genau haben für Sie diese Vorstellungen Gestalt angenommen?

EJ: Ja, das war wirklich ganz seltsam. Als ich nach Frankreich kam, hatte ich mich schon vierzehn Jahre lang mit Dichtung beschäftigt, und als mein Buch erschien, war ich natürlich sehr glücklich. Doch gleichzeitig fühlte ich, daß ein Teil meines Lebens vorbei war, daß eine Seite umgeschlagen war. Als ob ich die Erfahrung der Wüste noch einmal durchlebte . . . als befände ich mich plötzlich auf einer unbeschriebenen Seite . . . In Ägypten hatte ich einige Theaterstücke geschrieben und ich dachte, daß dies vielleicht die Art von Schreiben wäre, die ich nun weiterführen würde. Das Werk, das ich später *Das Buch der Fragen* genannt habe, nahm sehr langsam in mir Gestalt an . . . zunächst in Form einer Tragödie, die mehr und mehr symbolische Bedeutung gewann, dann in Form von Betrachtungen, die keine bestimmte Gestalt hatten. Es war alles sehr unbestimmt. Schließlich erkannte ich, daß dies überhaupt nichts mit Theater zu tun hatte. Doch wenn es nicht Theater war, was war es dann? Ganz langsam, wie mir zum Trotz, begann es in mir aufzutauchen; das Buch, dem ich in völliger Dunkelheit nachgejagt war, begann Gestalt anzunehmen . . .

Mittels Fragen, mittels einer dramatischen Erzählung, wollte ich eine Geschichte, die ich erzählen wollte, ohne sie jemals wirklich zu erzählen, so darstellen, wie ich sie in mir fühlte . . . Es schien mir, als gäbe es Geschichten, die nicht erzählt werden müßten, um bekannt und verstanden zu werden. Und das war hinsichtlich der Form etwas gänzlich Neues: das war nicht die Art, wie man üblicherweise eine Geschichte erzählte. Und dennoch befriedigte mich die Vorstellung einer Erzählung an sich nicht . . . das war es nicht, was ich wirklich suchte. Aber die Geschichte, die mir vorschwebte, war von Fragen umstellt, und das ließ mir das Buch zur Obsession werden. Es war, als ob ich in dem Buch endlich mich selbst, mein Universum finden könnte, als ob das Buch im Begriff wäre, sich zu etwas Phantastischem zu entwickeln, in dem die Anfänge eines Abenteuers lagen.

PA: Gab es die Rabbiner schon, als Sie sich Ihr Werk in der Form eines Theaterstücks vorstellten?

EJ: Nein, es gab Charaktere. Aber im Buch wurden sie zu Rabbinern, denn, wie jeder weiß, sind Rabbiner Exegeten, die besten Exegeten des Buchs. Und da es die Rabbiner nunmal gab, mußten es sehr viele sein. Die Art des Fragens machte dies notwendig. Man kann nicht gleichzeitig schwarz und weiß sagen. Jemand muß weiß sagen, und ein anderer schwarz . . . Vielleicht läßt sich dies am besten an der Gesamtstruktur des Textes erklären.

PA: Ja, bitte erklären Sie.

EJ: In der ersten Trilogie – im *Buch der Fragen*, im *Buch von Yukel* und in *Die Rückkehr zum Buch* – gibt es eindeutige Bezüge zum Judaismus. Im Mittelpunkt jedes dieser Bücher steht die Geschichte von zwei jungen Menschen . . . die einander lieben und die deportiert werden. Sie kehren aus den Lagern zurück: sie ist wahnsinnig geworden, und ihre

Schreie vermischen sich mit den Schreien eines verfolgten Volkes, eines über Jahrhunderte verfolgten Volkes; im zweiten Band begeht er Selbstmord, und alles, was geschieht, geschieht gleichsam nach seinem Tod. Doch dieses Nach-dem-Tod ist auch ein Vor-dem-Tod . . . gleichsam Gedächtnis, so als gäbe es immer schon ein Davor. Dann tauchen die Rabbiner auf . . . mit ihren Fragen, mit ihren Betrachtungen, undsofort. Aber das trifft es noch nicht genau. Es handelt sich um einen weitgespannten Dialog innerhalb und außerhalb der Zeit. Und die Menschen, die in diesen Büchern gegenwärtig sind, manchmal durch viele Jahrhunderte getrennt, können miteinander nur deshalb sprechen, weil sie Fragen stellen.

PA: Aus welchem Grund?

EJ: Weil – übrigens war es Blanchot, der diesen Gedanken in einem Artikel, der 1964 in der NRF erschienen ist, formuliert hat – weil immer einer schweigen muß, wenn zwei Menschen miteinander sprechen. Wir sprechen jetzt miteinander und während ich diese Worte spreche, sind Sie gezwungen zu schweigen. Wenn wir beide gleichzeitig sprächen, könnte keiner von uns beiden hören, was der andere sagt. Und jetzt, während Sie sich dieses Schweigens auferlegen, bilden Sie fortwährend Fragen und Antworten in ihrem Kopf, denn Sie können mich nicht dauernd unterbrechen. Und während ich weiterspreche, werden manche Fragen für Sie hinfällig: ach so, sagen Sie sich, das meint er. Doch was geschieht, wenn ich sehr lange spreche und wir auseinandergehen, ohne daß Sie überhaupt antworten konnten? Wenn wir uns dann wiedersehen sollten, würden sie nicht mit einer Antwort, sondern mit einer Frage beginnen. Und genau so antworten die Rabbiner einander. Ein jeder hat die Fragen bereits eliminiert und ist so in der Lage zu sagen: so denke ich. Nicht immer stellen sie Fragen, manchmal geben sie auch Antworten. Doch diese Antwort löst bei einem anderem unmittelbar eine neue Frage aus. Das gesamte Buch ist so angelegt. Ein erster Dialog wird unterbrochen, dann ein zweiter, dann ein dritter, ein vierter . . . und plötzlich wird der erste Dialog, der fast schon verloren gegangen schien, fünfzig Seiten später wiederaufgenommen, nachdem tausend andere Dinge geschehen sind.

PA: Sie schrieben vier oder fünf Jahre am *Buch der Fragen?*

EJ: Ja, ich arbeitete von 1959 bis 1962 daran, und es wurde 1963 veröffentlicht. Doch, wie ich vorhin bereits anmerkte, tappte ich dabei völlig im Dunkeln. Als das Buch dann erschien, wußte niemand so recht, was er damit anfangen sollte. Die Idee eines *récit éclaté*, einer aus Bruchstücken bestehenden Erzählung, war damals in Frankreich noch nie zuvor erörtert worden, doch genau so mußte das Buch gelesen werden . . . und muß man es immer noch lesen. Es gibt zwar eine Geschichte, aber sie wird nur in Bruchstücken dargeboten, es gibt zwar die beiden Personen, Sarah und Yukel – aber Yukel ist doppelt angelegt. Er ist zugleich der Erzähler (derjenige, der das Buch macht) und der Held. Aber Held und Erzähler sind ein und dieselbe Person, sie tragen denselben Namen . . . Und überdies gibt es keinen Ort, an dem das Buch anzusiedeln wäre, denn die verschiedenen Figuren stammen aus unterschiedlichen Zeiten. Die Rabbiner – es sind natürlich imaginäre Rabbiner – sind sowohl alte Rabbiner als auch moderne Rabbiner. Die ältesten Rabbiner sagen die einfachsten Dinge, und die zeitgenössischen Rabbiner die kompliziertesten . . . Und außerdem gibt es im Buch verschiedene Arten von Typographie . . . z. B. Klammern oder Kursivschrift. In allen meinen Büchern gibt es ein Buch im Buch. Es gibt den Teil, der vor dem Buch da ist . . . er ist im Buch, aber er ist auch das noch ungeschriebene Buch. Vor dem Buch sein heißt, einen potentiellen Status zu haben, die Möglichkeit zu haben, ein Buch zu erschaffen. Doch dann erschafft sich das Buch selbst, gegen alle anderen Bücher, die wir in uns tragen. Das setzt sich immerzu so fort . . . es ist ein zirkuläres Schaffen. Jede Frage führt zu einer anderen Frage.

PA: Was dem Leser Ihrer Bücher zuerst auffällt, ist die Typographie . . . Sie setzt den Rhythmus des Werkes und verstärkt das Gefühl der Aufsplitterung, das Sie im Text selbst erschaffen. Ist diese typographische Differenzierung systematisch angelegt, oder entsteht sie mehr oder weniger unbewußt?

EJ: Manchmal ist sie einfach da, aber meistens erfordert sie richtige Arbeit. Ich habe mir das nicht vorher überlegt, aber wenn der Text fortschreitet, kommen Dinge aus immer weiterer Ferne, wie aus einem anderen Buch oder aus dem Buch im Buch . . . und das sind die kursiven Texte. Die längeren Passagen gehören im allgemeinen zum eigentlichen Buch, zum Buch, das geschrieben wird, und sie sind da, um die Geschichte fortzuführen oder das Fragen fortzuführen . . . Aber die kursiv gesetzten Texte sind ebenfalls ein Buch, eines, das zur gleichen Zeit geschaffen wird, während das andere Buch geschaffen wird. Es gibt immer ein Buch im Buch im Buch . . . Was die Verteilung der langen und kurzen Passagen betrifft, so ist dies eine Frage des Rhythmus. Das ist sehr wichtig für mich. Ein abgeschlossener Satz, eine lyrische Phrase, das ist etwas mit einem langen Atem, das erlaubt einem, tief zu atmen. Man sagt, daß Nietzsche Aphorismen schrieb, weil er unter furchtbaren Kopfschmerzen litt, die es ihm unmöglich machten, viel auf einmal zu schreiben. Ob das wahr ist oder nicht – ich·glaube, daß ein Schriftsteller mit seinem Körper arbeitet. Jeder Mensch lebt mit seinem Körper, und das Buch ist vor allem ein Buch seines Körpers. In meinem Fall entsteht der Aphorismus, Sie können es auch den nackten Satz nennen, aus der Notwendigkeit, die Worte mit weißem Raum zu umgeben, um sie atmen zu lassen. Wie Sie wissen, leide ich unter Asthma, und das Atmen fällt mir manchmal sehr schwer. Indem ich meinen Worten Luft gebe, habe ich das Gefühl, leichter zu atmen . . . Es ist tatsächlich unglaublich, wie eng Schreiben und Leben miteinander verbunden sind. Ich erinnere mich an ein Ereignis, das schon mehrere Jahre zurückliegt. Ich hatte soeben die sieben *Bücher der Fragen* abgeschlossen ... das war im April. Im Mai ist mein Asthma gewöhnlich am allerschlimmsten. Der Monat ging jedoch vorüber, ohne daß ich irgendwelche Probleme hatte. Auch im Juni fühlte ich mich sehr wohl. Mein Arzt, ein alter Freund von mir, war eines Tages bei mir zu Gast, und ich sagte ihm, daß ich es seltsam fände, mich zu dieser Jahreszeit so wohl zu fühlen. Er antwortete mir, daß dies wohl daran liege, daß ich den Zyklus abgeschlossen habe und die Angst vor dem Werk nun vorübergehend verschwunden sei ... Wenig später fuhr ich in Ferien – an die See, wo es mir immer sehr gut geht – und kehrte im September, der gewöhnlich auch ein guter Monat für mich ist, nach Paris zurück. Da rief mich mein Verleger an und bat mich, einen Klappentext zu schreiben. Diese Art Text zu schreiben ist für mich immer sehr mühsam, meistens eine Qual ... aber nach zwei oder drei Tagen hatte ich es geschafft. Der letzte Satz dieses Textes lautete: «Dieses Buch, das siebte des Zyklus, ist das Ende des *Buchs der Fragen.*» In jener Nacht hatte ich einen meiner schwersten Asthmaanfälle. Und es war dieser Satz «es ist das Ende», der ihn ausgelöst hatte. Er hatte mich in panische Angst versetzt. Der Arzt mußte um drei Uhr morgens gerufen werden, um mir eine Spritze zu geben. Er hatte mir im wahrsten Sinne des Wortes den Atem genommen ... Wenn ich dies alles erzähle, so um zu zeigen, daß wir mit unserem Körper, mit unserem Atem, unserem Rhythmus arbeiten, und daß das Schreiben dies sozusagen abbildet. Das Schreiben operiert in zwei Richtungen. Es ist zugleich Ausdehnung und Kontraktion. Diese Erkenntnis verdanke ich Max Jacob, und ich habe lange gebraucht, bis ich verstand, was er meinte. Als ich noch sehr jung war, neunzehn oder zwanzig Jahre alt, schickte ich ihm meine Gedichte, und er schrieb mir zurück, sie seien zu ausladend, ich sollte sie knapper fassen. Das tat ich, und er schrieb mir zurück, sie seien zu knapp, ich sollte sie erweitern. Ich war völlig verwirrt. Ich brauchte sehr lange, um zu verstehen, daß beides zutrifft, und genau das den Stil ausmacht, genau das das Wesen des Schreibens ist. Man muß so schreiben wie man atmet.

PA: Sie erzählten mir einmal, daß Sie, als Sie das *Buch der Fragen* schrieben, das Gefühl hatten, einer Eingebung zu folgen.

EJ: Nicht ganz . . . aber so ähnlich. Ein großer Teil des Buchs wurde, wie Sie ja wissen, in der Métro, auf der Fahrt zur Arbeit oder bei der Heimfahrt, geschrieben; und natürlich waren immer eine Menge Menschen um mich herum. Es war . . . als ob etwas mir dieses Buch auferlegt hätte. Aber ich glaube nicht an Inspiration oder Ähnliches. Das Buch tauchte aus etwas auf, das immer schon ganz tief in mir war.

PA: Schrieben Sie ihre ersten Gedichte auch so? Oder begann mit dem *Buch der Fragen* etwas gänzlich Neues für Sie?

EJ: Es gibt etwas, das mich, wenn ich Gedichte schrieb, immer schon verblüfft hat . . . ich konnte immer, bevor ich überhaupt mit dem Schreiben begann, genau sagen, wie lang dieses Gedicht sein würde. Ich wußte, ob es drei oder sechs oder nur eine halbe Seite lang sein würde . . . Ich kann mir das nur so erklären, daß das Gedicht, wenn man es zu schreiben beginnt, sich in uns schon geschrieben hat, wenngleich man sich dessen auch nicht bewußt ist. Diese Erfahrung war immer sehr seltsam für mich. Ich konnte ein Gedicht beginnen, ein oder zwei Zeilen schreiben, dann ausgehen, zum Beispiel ins Kino, irgendwohin, und ich wußte, daß ich, wieder zu Hause, in der Lage sein würde, weiterzuschreiben. Nicht eine Minute hatte ich das Gedicht verlassen. So, als hätte es weiterhin in mir gearbeitet. Ich erinnere mich an ein langes Gedicht von zehn Seiten. Eines Abends kam ich nach Hause und ging sofort zu Bett. Mitten in der Nacht stand ich auf. Meine Frau fragte mich, was ist mit dir, bist du krank? Ich sagte, nein, ich will schreiben. Und ich setzte mich an meinen Schreibtisch und begann, dieses Gedicht zu schreiben. Nach einer Weile ging ich wieder zu Bett. Am nächsten Tag nahm ich das Gedicht wieder auf, als hätte ich es keine Minute lang verlassen. Als ich mich wieder schlafen gelegt hatte, hatte ich zu meiner Frau gesagt: dieses Gedicht wird zehn

Seiten lang werden. Und es wurde tatsächlich genau zehn Seiten lang. Wie können Sie das erklären? Es ist doch unbegreiflich. Irgendetwas ist in uns schon am Werk und dann genügt eine Kleinigkeit, ein Gefühl, eine zufällige Begegnung, um es in Gang zu setzen . . . Deshalb sind die unproduktiven Zeiten besonders schmerzhaft, die Zeiten, in denen Sie gar nichts schreiben können. Es geht Ihnen lange Zeit recht gut. Sie schreiben in wenigen Monaten zehn oder zwanzig Gedichte, und Sie fühlen sich ausgezeichnet. Und dann, ganz plötzlich, geht gar nichts mehr. Sie können nicht einmal mehr den Federhalter aufnehmen, Sie bringen keine einzige Zeile zu Papier. Dann werden Sie von entsetzlichen Zweifeln geplagt. Sie fürchten, nie wieder schreiben zu können. Das ist etwas ganz Außergewöhnliches, etwas, das die meisten Menschen gar nicht verstehen können. Wann immer Sie schreiben, setzen Sie sich der Gefahr aus, nie wieder schreiben zu können . . . Und manchmal kommt dann ein neues Gedicht und Sie fühlen sich befreit. Sie sagen sich, es ist endlich zurückgekehrt. Und sie schreiben drauflos und entdecken schließlich, daß es bedeutungslos ist. Das Schreiben kommt zu seiner Zeit . . . es läßt sich niemals erzwingen.

PA: Was das erzählerische Element im *Buch der Fragen* betrifft . . . die fragmentarische Art des Erzählens: ist das eine bewußte Wahl, oder halten Sie es einfach für unmöglich, eine Geschichte in traditioneller Weise zu erzählen?

EJ: Weder das eine noch das andere. Meiner Meinung nach bedeutet, eine Geschichte zu erzählen, sie zu verlieren. Wenn ich Ihnen zum Beispiel detailliert über mein Leben erzähle, entflieht es in die Details, die ich für diesen Bericht ausgewählt habe. Im Leben haben Sie keine Wahl. Woher wissen Sie, was am wichtigsten ist? Eine Geschichte begrenzt das Leben einer Person auf das, was ein anderer über diese Person sagen kann. Er ist groß, er ist klein, er ist dies, er ist das. Selbst wenn das alles wahr ist, bleibt noch etwas anderes. Und da man nicht alles sagen kann, bleibt immer noch etwas anderes. Aber wenn ich sage: Er ist hier geboren, er ist hier gestorben, beginnt sich ein ganzes Leben abzuzeichnen, ein Leben, das man sich vorstellen kann ...

PA: Was Sie sagen, bedeutet doch, daß das traditionelle Erzählen Sie nicht interessiert.

EJ: *Das Buch der Fragen* beruht auf der Idee, daß wir alle mit Wörtern leben, die von uns Besitz ergreifen. Es besteht kein Zweifel, daß emotional besetzte Wörter wie «Tod» oder «Liebe» nicht für jeden genau dieselbe Bedeutung haben. Hinter diesen Wörtern sehen wir unsere eigenen Geschichten von Tod und Liebe. Um auf die Geschichte in dem Buch zu kommen – ich wollte nur das Leben und die Tragödie dieses Paares aufzeigen. Es ging nicht darum, ihre Lebensgeschichte zu erzählen, denn letztendlich war es nicht ihr Leben, das mich interessierte ... Mich beschäftigt eher die Innerlichkeit als die Beschreibung. Es sind die Fragen, die um die Geschichte herum auftauchen, die ihr ihr Maß geben. Die Geschichte selbst ist nur eine Art Vorwand, ein Auslöser. Für die Juden ist es unglücklicherweise, nach all den Lagern und all den Schrecken, eine nur allzu banale Geschichte. Unnötig, ins Detail zu gehen. Wenn Sie sagen: sie wurden deportiert, dann reicht dies für einen Juden aus, um die ganze Geschichte zu verstehen ... Ich begegnete einmal einem Mann, der seine gesamte Familie in den Lagern verloren hatte. Nur er und sein Sohn waren entkommen. Nachdem er mir dies erzählt hatte, sprach er über ganz andere Dinge. Ich fühlte, daß er mir sein ganzes Leben erzählt hatte, sein vergangenes, gegenwärtiges und selbst sein zukünftiges Leben, allein dadurch, daß er mir gesagt hatte «Meine ganze Familie wurde deportiert. Nur mein Sohn und ich sind entkommen». Diese Unterhaltung hat bei mir einen besonders tiefen Eindruck hinterlassen, denn der Mann erzählte dann auch von seinem Sohn. Während der Blockade Jerusalems, als die Syrer die Nachschubkolonnen für die Stadt beschossen, bat ihn sein Sohn, der erst fünfzehn oder sechzehn

Jahre alt war, um die Erlaubnis, Fahrer eines dieser Todesfahrzeuge zu werden. Der Vater erlaubte es ihm. Und der Junge wurde getötet. Darauf nahm der Vater den Namen seines Sohnes an. Sein Name war Ben Zvi, und weil ich ihn nach seinem Namen gefragt hatte, erzählte er mir diese Geschichte. Ich werde das nie vergessen ... Es zeigt, wie ich meine, daß es genügt, einfach eine Aussage zu machen, um die gesamte Tragödie zu offenbaren.

PA: Sie sprachen von besitzergreifenden Wörtern. Es gibt etwa ein Dutzend Wörter und Themen, die beständig wiederholt werden, auf fast jeder Seite Ihres Werkes: Wüste, Abwesenheit, Schweigen, Gott, Nichts, die Leere, das Buch, das Wort, Exil, Leben, Tod ... und es fällt mir auf, daß jedes dieser Wörter in gewissem Sinn ein Wort jenseits des Sprechens ist, eine Art Grenze, etwas fast nicht Sagbares.

EJ: Genau. Aber zugleich, auch wenn es Dinge sind, die man nicht ausdrücken kann, sind es doch Dinge, die eine Bedeutung haben. Wir können sie nicht loswerden. Für mich ist es zum Beispiel unmöglich, mich von dem Wort «Jude» zu befreien, oder dem Wort «Gott». Das hat anfangs zu beträchtlichen Mißverständnissen geführt. Wozu Gott, fragten die Leute, wenn Sie nicht an Gott glauben? Wie Sie wissen, gibt es in Frankreich Leute, die sich Materialisten nennen und Angst haben, Worte wie «Gott» auszusprechen. Ich finde das idiotisch. Das Wort «Gott» steht im Lexikon, es ist ein Wort wie jedes andere. Ich habe keine Angst vor dem Wort «Gott», weil ich keine Angst vor diesem Gott habe ... Was ich in meinem Werk mit Gott meine, ist etwas, auf das wir stoßen, ein Abgrund, eine Leere, etwas, gegen das wir machtlos sind. Es ist eine Ferne ... die Ferne, die immer zwischen den Dingen ist ... Wohin wir gehen, wohin wir kommen, immer bleibt noch diese Entfernung zu überbrücken: Und einmal kommt der Moment, wo man die Entfernung nicht mehr überbrücken kann; man kommt an und sagt sich, es ist zu Ende, es gibt keine weiteren Worte. Gott ist vielleicht ein Wort ohne Worte. Ein Wort ohne Bedeutung.

Und das Außerordentliche ist, daß Gott in der jüdischen Überliefe-
rung unsichtbar ist, und um diese Unsichtbarkeit zu unterstreichen,
hat er einen unaussprechbaren Namen. Was ich wahrhaft phantastisch
finde, ist, daß man, wenn man etwas «unsichtbar» nennt, etwas
benennt, und das bedeutet, daß man damit fast eine Darstellung des
Unsichtbaren gibt. Anders gesagt, wenn man «unsichtbar» sagt, weist
man auf die Grenze zwischen dem Sichtbaren und dem Unsichtbaren;
dafür gibt es Worte. Aber wenn man das Wort nicht sagen kann, steht
man vor gar nichts. Und für mich ist das sogar noch gewaltiger, weil
letztlich etwas Sichtbares im Unsichtbaren ist, so wie etwas
Unsichtbares im Sichtbaren ist. Und das, das hebt alles auf . . .

PA: In gewissem Sinn werden alle diese Worte zu demselben Wort,
und enden damit, sich gegenseitig zu zerstören.

EJ: Sie zerstören sich gegenseitig, indem sie sich gegenseitig befragen,
indem sie sich auf die Leere zubewegen. An einer Stelle schreibe ich:
«Die Wahrheit ist vielleicht diese Leere» und ich meine damit das, was
es auch immer sei, was an der Grenze zur Wahrheit steht. Es gibt ein
ständiges Zurückweichen, ein ständiges Abschälen von Schichten, ein
Entblättern des Namens, bis der Name ein unaussprechlicher Name
wird . . . Das hat nichts mit Nihilismus zu tun, obwohl verschiedene
Leute mich des Nihilismus bezichtigt haben. Es ist das innerste Wesen
meines Werkes . . . dieses ständige Befragen der Dinge, um schließlich
zu sagen: Was ist Identität? Was sind wir? Was ist der Name? Dieser
Name, den wir tragen, was bedeutet er? . . . Ich behaupte nicht, Antworten zu haben; ich stelle Fragen. Wenn ich der Frage einen besonderen Rang einräume, so deshalb, weil ich in der Natur der Antwort
etwas Unbefriedigendes finde. Sie kann uns nie vollständig enthalten.
Außerdem, und das empfinde ich als sehr wichtig, bedeuten
Antworten immer eine gewisse Form von Macht. Während die Frage
eine Form von Nicht-Macht ist. Aber eine sehr subversive Nicht-
Macht, etwas . . . das die Macht erschüttern wird. Macht schätzt keine

Diskussionen. Macht bestätigt, und sie hat entweder Freunde oder Feinde. Während die Frage dazwischen steht . . . Ein junger Student, der eine Arbeit über meine Bücher schrieb, hat mich einmal gefragt, ob man eine Lehre aus meinem Werk ziehen könne. Keine, wie auch immer, war meine Antwort. Ich glaube, wenn meine Bücher dem Leser etwas sagen, dann das, daß er die Last, die ihn bedrückt, auf sich nehmen, daß er sein Fragen bis zum Ende weiterführen soll. Und das heißt, sich selbst in Frage zu stellen, nicht wahr? Bis zum letzten.

PA: Was, mit anderen Worten heißt, daß es nie ein Ende gibt.

EJ: Ja, das ist ein nie endender Prozeß. Natürlich gibt es Menschen, die schließlich eine Art Frieden finden . . . Doch ich habe diesen Frieden nie gefunden. Ich bin wohl jemand, der gezwungen ist, Fragen zu stellen. Und ich denke, daß ich in meinen Büchern alles, was mir wirklich wichtig oder wesentlich erscheint, in Frage stelle. Auf die erste Trilogie des *Buchs der Fragen* – in denen sehr deutlich auf den Judaismus Bezug genommen wird –, folgen die Bücher *Yaël* und *Elya*, die von der Beziehung des Schriftstellers zu seinen Wörtern handeln. Sie wird immer persönlicher . . . Der Zyklus, der sich mit *Aely* fortsetzt, endet mit *El*, einem Punkt, *El oder das letzte Buch*. Der Punkt, oder der runde Fleck auf dem Buchumschlag, ist tatsächlich der Titel des Buchs. Es ist der kleinstmögliche Kreis, ein Kreis, der zu einem Punkt geworden ist, eine Periode, der Kreis im Kreis. In der Kabbala heißt es, «Gott offenbarte sich als Punkt», und durch diesen Bezug scheint das gesamte Werk der Dekonstruktion eine Totalität zu enthüllen. Doch diese Totalität kann man nicht zeigen. Totalität ist eine Vorstellung . . . und kann nur mittels Fragmenten sichtbar gemacht werden . . . Wir befinden uns zum Beispiel in diesem Raum, aber wir können nicht das ganze Haus sehen. Wir wissen jedoch, daß wir uns in diesem Haus aufhalten. Das gleiche geschieht im Buch. Wir wissen, daß wir uns in etwas Unermeßlichem befinden und können doch nur sehen, was jeweils vor uns liegt . . . Wir setzen fortwährend die

Totalität mit Hilfe von Fragmenten für uns zusammen, denn nur die Fragmente lassen etwas sichtbar werden. Auch ein Buch kann nur deshalb gelesen werden, weil es die Wörter gibt. Nicht das Buch erlaubt uns, das Wort zu lesen, sondern die Wörter erlauben uns, das Buch zu lesen. Natürlich ist das Buch der Raum, in dem sich das Wort entfaltet, doch allein das Wort läßt uns voranschreiten, das Wort läßt uns in dieser Leere, in jenem Raum zwischen den Wörtern voranschreiten und ermöglicht so das Lesen des Buchs. Wir lesen genau in diesem weißen Raum zwischen den Wörtern, denn diese Weiße ruft in uns jenen unendlich größeren Raum, in welchem sich das Wort entfaltet, in Erinnerung.

PA: Wenn wir von «Wort» sprechen, kommen wir natürlich sofort auf ein Übersetzungsproblem. Das Französische unterscheidet klar zwischen *parole* und *mot*, dem gesprochenen und geschriebenen Wort, während uns im Englischen nur *word* zur Verfügung steht.

EJ: Ich benütze daher immer wieder das Wort *Vokabel*. Im Englischen ist dies sicherlich nicht ganz einfach zu verstehen. Vokabel, das klingt ein wenig schwerfällig. Im Französischen ist es jedoch auch kein alltägliches Wort . . . Einer der wesentlichen Unterschiede zwischen dem geschriebenen und dem gesprochenen Wort besteht darin, daß man das geschriebene Wort sehen kann. Das Sprechen ist begrenzter, denn man kann nicht über das sprechen, was geschehen wird, sondern nur darüber, was schon geschehen ist. Wenn man schreibt, befindet man sich jedoch vor etwas, das im Begriff ist zu beginnen. Man dringt in eine andere Zeit, in eine andere Welt ein . . . in etwas, das uns auszudrücken vermag, wenngleich man auch nicht genau weiß, was es ist. Aus diesem Grund bin ich auch jeder Literaturtheorie gegenüber zurückhaltend. Natürlich setze ich mich in all meinen Büchern mit vielen literaturtheoretischen Fragen auseinander, doch die Theorie a priori steht nie am Anfang. Für mich ist Literatur ein wahrhaftes Abenteuer, doch wenn man die Dinge bereits im voraus festlegt, wie kann dann etwas Unerwartetes eintreten. Man steht immer am Anfang . . . und jedes meines Bücher ist sozusagen der Anfang eines anderen Buches, das nie geschrieben wird. Wenn also das zweite Buch das erste fortsetzt, hebt es gleichzeitig einen Teil des bereits Gelesenen wieder auf.

PA: Die Bücher heben sich gegenseitig auf, so wie auch die Wörter sich gegenseitig aufheben.

EJ: Ja, sie heben das Gelesene auf, so daß eine andere neue Lesart möglich wird. Und dieser Prozeß setzt sich selbst immer wieder in Gang, wiederholt sich unendlich oft . . . Neulich sprach jemand über das Mallarmésche Buch . . . doch ich denke, daß der Unterschied zwischen dem, was ich das Buch nenne, und dem Mallarméschen Buch sehr groß ist. Mallarmé wollte das gesamte Wissen in einem Buch zusammenfassen. Er wollte ein großes Buch machen, das Buch der Bücher. Meiner Ansicht nach wäre dies jedoch ein sehr vergängliches Buch, denn das Wissen an sich ist vergänglich. Nur das Buch, so will mir scheinen, das sich selbst zerstört, kann überhaupt überdauern. Das Buch, das sich selbst zugunsten eines anderen Buchs, das es fortsetzt, zerstört. Das ist, wie ich meine, der Ausgangspunkt meiner Dekonstruktion des Buchs.

PA: Es bleibt offen, während das Buch Mallarmés sich auf sich selbst zurückzieht und verschlossen bleibt.

EJ: Ja, so ist es. Die Offenheit entsteht, weil es das Fragen gibt. Fragen heißt, sich in jedem Augenblick zu sagen, das reicht noch nicht, ich muß noch weitergehen. Dies führt zu etwas Neuem, das man wiederum befragen muß . . . Das Buch trägt alle Bücher in sich, und jedes Fragment ist der Anfang des Buchs, das Buch, das im Buch selbst geschaffen und gleichzeitig mit ihm aufgehoben wird. Es geht im Augenblick seines Entstehens verloren . . . so wie wir uns in dem

Kind, das wir zeugen, verlieren, da es schließlich unseren Platz einnehmen wird . . . Wie Sie sehen, hat diese Haltung nichts mit der gemein, die sagt: wir existieren nicht, ich verschwinde, danke schön, auf Wiedersehen. Nein. Ich verschwinde, um noch weiter zu gehen.

PA: Sie haben einmal gesagt, daß Schreiben nichts mit Einbildungskraft zu tun habe. Das ist eine ziemlich provokative These; ich hätte gern, daß Sie sie näher erläutern.

EJ: Ich erfinde gar nichts. Die Vokabel selbst und das Befragen des Worts treiben mich vorwärts. Das Fortschreiten des Buchs ermöglicht mein Voranschreiten. Das hat nichts mit Erfinden zu tun, nichts damit, daß ich behaupte, ich stelle mir dies oder jenes vor und befrage es somit. Nein, nichts dergleichen. Es ähnelt eher dem, was wir gerade tun. Wir sprechen miteinander, und Sie stellen mir die Fragen. Ich erfinde dabei überhaupt nichts . . . Es hat eher mit Erfahrung, mit dem, was man erlebt hat, als mit Imagination zu tun. In Boulder sagte mir ein junges Mädchen, mein Satz «Als ich zwölf Jahre alt war, verlor ich den Himmel», habe sie sehr getroffen. Warum, fragte sie, warum nicht « als ich zehn Jahre alt war», oder fünfzehn, oder warum konnte es nicht einfach heißen «als ich Kind war?» Warum mußte es «zwölf» sein? Das war eine ausgezeichnete Frage. Zwölf war, wie sich zeigt, ein sehr wichtiges Alter für mich. Als ich zwölf Jahre alt war, starb meine Schwester in meinen Armen . . . und dies hat mein ganzes Leben bestimmt. Wie Sie sehen, gibt es hinter allem den Horizont einer Erfahrung, etwas, das ich in der Vergangenheit erlebt habe und das mich tief berührt.

PA: Ein anderes wichtiges Element in ihrem Werk – ich denke hier vor allem an *Aely* und *El* – ist das fast unaufhörliche Spiel mit den Wörtern, dem Klang, den Buchstaben und den Bedeutungen . . . So lösen Sie zum Beispiel aus dem Wort *solitude* [Einsamkeit] das Wort *sol* [Erde, Land] heraus, und *sol* beschwört seinerseits *solacier* [trösten] herauf . . . so als könnte das ganze Fühlen und Denken einfach dadurch zum Ausdruck gebracht werden, daß man ein Wort zerlegt.

EJ: Ich habe versucht, alle Ebenen des Buchs zu befragen . . . In *El,* dem letzten Buch, geht es hautpsächlich um das Ausleuchten der Oberfläche. In allen meinen Büchern geht es um das Schneiden, das Zerstückeln. Von Anfang bis Ende ist das Buch bruchstückhaft, wird es fortwährend zerstückelt . . . und in *El* wollte ich aufzeigen, wie dies auf der Ebene des Wortes selbst wirksam wird. Ich habe nichts gegen das Wortspiel. Ganz im Gegenteil. Ich halte dies sogar für etwas sehr Wichtiges. Nur ist es für mich eben kein Spiel. Mir geht es darum, von einem Ort zu einem anderen zu gelangen, mittels des Worts selbst voranzukommen. Mitten in *El* zum Beispiel – auf Seite 63 (in einem Buch von 126 Seiten) – genau in der Mitte des Buchs also – gibt es ein Schema mit «nul» [keiner] auf der oberen und «d'un» [der Eine] auf der unteren Hälfte des Blatts. Das gesamte Werk konzentriert sich in der Tat in diesem «Einen» und wird letztlich in sich aufgehoben, um zu diesem «Nichts» zu werden. Dadurch offenbart sich das Wesen der Zerstückelung, und so gesehen, ist dieses Schema ein Bild meiner Bücher . . . Die Zerstückelung, die hier erfolgt, steht im Mittelpunkt des Schreibens, ist das, was das Schreiben im Grunde ausmacht. Warum? Weil in den Worten Dinge sind, die sich gegenseitig anziehen oder einander abstoßen . . . Spannungen oder Anziehungskräfte rühren daher, daß die Wörter dieselben Buchstaben haben, oder daß sie einen bestimmten Klang oder bestimmte Assonanzen besitzen ... Und die Art und Weise, wie die Wörter miteinander arbeiten, kann nur mit dem Wort selbst erforscht werden, mit nichts anderem . . . Alles in meinen Büchern funktioniert so. Wissen Sie, es gibt eine Passage in diesem Buch, die ist von ganz besonderer Bedeutung für mich; es ist jene Stelle, an der ich sage, daß das Volk Israel Moses eine entscheidende Lektion im Auslegen erteilte, als es ihn zwang, die Gesetzestafeln zu zerbrechen. Denn die Israeliten konnten ein Wort ohne Ursprung, das Wort Gottes, nicht annehmen. Moses mußte das

Buch zerschlagen, damit das Buch menschlich werde . . . diese Geste seitens des Volkes Israel war notwendig, damit es das Buch überhaupt annehmen konnte. Und wir machen genau dasselbe. Wir zerstören das Buch, wenn wir es lesen, um daraus ein anderes Buch zu erschaffen. Jedes Buch entsteht aus einem zerbrochenen Buch. Und auch das Wort geht aus einem anderen zerbrochenen Wort hervor.

PA: Was Sie sagen heißt, daß diese Metamorphose von Wörtern nichts mit Spielerei oder Magie zu tun hat. Es ist ein ganz bewußter Akt.

EJ: Genau so ist es. Wenn es etwas gibt, das ich wirklich ganz bewußt tue, dann ist es diese Arbeit am Wort.

PA: Verfahren sie nach einer bestimmten Methode?

EJ: Nein, ich vertrete keine Methode . . .

PA: Ich meine eine persönliche Vorgehensweise, die es Ihnen ermöglicht, einen bestimmten Stand der Reflektion zu erreichen.

EJ: Ja, natürlich, aber ich dränge sie anderen nicht auf. Sie hilft mir, mag aber für andere untauglich sein. Ich bin immer dem Grundsatz gefolgt . . . den einer meiner Rabbiner im nächsten Buch vertritt: Zögere nicht, das Buch zu befragen, auch über Dinge, die anderen absurd erscheinen mögen. Denn in jedem Ding kann eine Wahrheit verborgen sein . . . Ich versuche zu zeigen, daß hinter jedem Wort andere Wörter verborgen sind. Und jedes Mal, wenn man ein Wort verändert oder ein Wort in einem anderen Wort zum Vorschein kommen läßt, verändert man das gesamte Buch. Wenn ich behaupte, daß es viele Bücher im Buch gibt, so deshalb, weil es viele Wörter im Wort gibt. Wenn man das Wort verändert, ändert sich auch der Kontext des Satzes vollständig. So läßt dieses eine, veränderte Wort einen anderen Satz entstehen, und ein völlig anderes Buch beginnt . . . Ich möchte es

mit dem Meer vergleichen, dem Meer, das über den Strand hereinbricht. Ich meine nicht die einzelne Welle, die heranrollt, sondern das
ganze Meer, wie es mit einem Mal hereinbricht und sich wieder
zurückzieht. Es ist niemals nur eine Welle, es ist immer alles, alles
kommt, alles geht. Das genau ist die grundlegende Bewegung in allen
meinen Büchern. In allem liegt schon das Befragen des Ozeans, in seiner Tiefe, in seiner Bewegung, in den Schaumkronen, die er bildet, in
den feinen Schaumbläschen,die er auf dem Strand hinterläßt . . . In
jedem Augenblick, in der kleinsten Frage kehrt das gesamte Buch wieder und zieht sich das gesamte Buch zurück . . .

PA: So gesehen ist dieses Projekt per definitionem unerschöpflich.
Jedes Buch gebiert das nächste Buch . . .

EJ: Ja . . . oder zumindest bin ich unfähig, es aufzugeben. Denn jedes
Buch, das ich zu schreiben beginne, ist nie das Buch, das ich erschaffen möchte. Wenn ich das Buch, das ich in mir trage, schreiben könnte, wäre es das letzte Buch. Und dieses Buch ist unmöglich. Ich schreibe, weil es immer dieses Buch gibt, das ich noch einmal schreiben
möchte.

PA: Wir sprachen einmal über Beckett und jetzt kommt mir in Erinnerung, was er in den späten Vierzigern geschrieben hat: «Künstler zu
sein bedeutet scheitern, wie kein anderer zu scheitern wagt . . .»

EJ: Das ist sehr schön gesagt, ja wirklich sehr schön . . . und genau so
ist es.

PA: Mir scheint, daß Sie fast genau dasselbe gesagt haben.

EJ: Ja, das ist richtig. Ganz genau.

1978

Jean-Luc Nancy

JA, BES

«Unser Name wäre bloß der Widerschein einer Abwesenheit des Namens.»[1] Jabès hat dies eines Tages geäußert und ist nicht müde geworden, es zu wiederholen. Und in so vielen seiner Texte, wenn nicht gar in allen, umkreist er den vielfachen Widerschein dieser Abwesenheit. *Unser* Name, sagte er, der seine also mit, ja unter allen anderen, mittendrin sein Name, der überall, durch alle seine Texte hindurch, deutlich hervortreten müßte, wenn man seiner eigenen Maxime folgt, die lautet: «Sein, was man schreibt. Schreiben, was man ist.»[2] Eine unsinnige, eine unannehmbare Maxime, doch die einzige, der man sich verschreiben kann – falls man überhaupt Maximen aufstellen oder befolgen will, eine Frage, der wir hier aber nicht nachgehen wollen.

Jabès hätte demnach überall seinen Namen und nichts als seinen Namen geschrieben. Das ist die Hypothese und sie gilt für jedweden Gebrauch, den Jabès von den Namen gemacht haben mag. Vorausgesetzt zumindest, daß er sein Name *gewesen* ist und daß er seinen Namen *geschrieben* hat. Beides sind leere Voraussetzungen, denn ebensowenig wie irgend jemand anderer war er ein Name, noch schrieb er seinen Namen (mit einem Namen kann man nur unterschreiben)*; allenfalls konnte er dafür ein Zeichen setzen, konnte er sich mit seinem Namen bezeichnen, so wie die Christen über sich *im Namen* ihrer drei namenlosen Götter das *Zeichen* des Kreuzes machen. Doch es sind zugleich notwendige Voraussetzungen, denn *unser Name*, der Name aller wie der eines jeden einzelnen, ist das allerfragilste und

---

* Deutsch im Text; so auch alle folgenden in dieser Schrifttype gesetzten Passagen. (A. d. Ü.)

doch einzige Indiz dafür, daß unser Sein ist – alles andere ist bloß Dasein in der Welt, ohne Indizien, ohne Beweise, ohne Folgen.

Wenn wir also voraussetzen, was alle seine Bücher voraussetzen, als wären sie ein unendlicher Exodus des Namens, wenn wir annehmen, er sei sein Name gewesen und er habe diesen Namen von Anfang bis Ende unaufhörlich geschrieben, dann lesen wir –

ja: da hätte er zunächst, wie unerhört, deutsch geschrieben, und «ja» gesagt,

und *bès* hinzugefügt:

«Präfix mit derselben pejorativen Bedeutung wie *bis*, das man etwa in *besaigre* findet (. . .) – *bis*: Präfix mit pejorativer Bedeutung, wie zum Beispiel in *bistourner*, verdrehen, sich zum Schlechten wenden, eine andere Form von *ber, bre, bra*. Woher stammt dieses Partikel? Man hat auf das deutsche *miß*, wie man es etwa in *mes-estimer*, mißdeuten, findet hingewiesen, das zwar in der Bedeutung übereinstimmt, dessen *m* jedoch sich nicht zu einem *b* gewandelt haben kann (. . .) Diez neigt dazu, darin das lateinische *bis*, zweimal, zu sehen, wobei dieses Wort, bei der Verwendung als Präfix, eine Bedeutungsverschiebung von der Idee der Verdoppelung zum Gedanken des Schrägen, Schiefen, wie etwa im spanischen *bis-ojo*, schielend, d.h. doppeläugig erführe. Von diesen Vermutungen scheint die letztgenannte am plausibelsten.»[3]

Ja, zweimal, doppeltes ja, schiefes Ja, schielendes, verdächtiges Ja. Verdächtig, weil in mehr als einer Sprache vorhanden. Verdächtig, weil deutsch und lateinisch. Verdächtig, weil nichts weiter als ja, ja - **ein reines Jawort, das Jawort als Name, was heißt das? oder wie heißt das? mag das Ja heißen?** Verdächtig, weil keinen Deut jüdisch oder ägyptisch. Und dann eben doch, das eine wie das andere, ja, ja.

Zumindest so jüdisch wie ein verlorener oder abgefallener Stamm:

«Sie sprachen: Wer ist irgend von den Stämmen Israel, die nicht hinaufgekommen sind zum Herrn gen Mizpa? Und siehe, da war im Lager der Gemeinde niemand gewesen von Jabes in Gilead. Denn sie zählten das Volk, und siehe, da war kein Bürger da von Jabes in Gilead. Da sandte die Gemeinde zwölftausend Mann dahin von streitbaren Männern, und sie geboten ihnen und sprachen: Gehet hin und schlaget mit der Schärfe des Schwerts die Bürger zu Jabes in Gilead mit Weib und Kind.»[4]

«Und wenn der Buchstabe bloß das Geheimnis des Namens wäre?»[5] Das heißt: wenn man den Buchstaben buchstäblich versteht als gezogene Linie, als phonetisches oder graphisches Material, was noch nichts bezeichnet und einzig einen kleinen Fleck im Raum signalisiert, so besitzt dieser Buchstabe die ganze Kraft, das Sein zu indizieren. Und umgekehrt: das gesamte Sein des Seins, so wie es sich darstellt oder sich exponiert, ist dem Buchstaben anvertraut, jenem zerbrechlichen Schriftzug, jenem prekären Laut. So schon der erste Buchstabe von Jabès: *J*, das wie «gît» [hier ruht] oder j'y [ich da] ausgesprochen wird: ich bin da, ich gehe dahin, da ruhe ich, da bin ich und ruhe. Im Deutschen lautet der Buchstabe *Jott,* und das heißt so viel wie *jota,* aus *yod,* das der semitische Name des Buchstabens ist, der in der Bibel als Symbol der Kleinheit gilt. *Jott* der Kleinste der Kleinen, die letzte Kleinigkeit des Namens. Der Buchstabe: so viel wie nichts. Geheimnis als Nichtigkeit.

Den Buchstaben allein gibt es aber nicht. Der Buchstabe im Singular ist schon ein vielfacher. Was unter anderem bedeutet, daß er stets vokalisiert ist: nicht *j*, sondern *ja*.

Ja: Jahve, «der Herr ist meine Stärke und mein Lobgesang (. . .) Er ist mein Gott.»[6] «Jah» als Buchstabe und Geheimnis Jahves: nicht das heilige Tetragramm, sondern das reine Gramm, wie ein Ausruf so leicht, kaum daß Gott in ihm wiegt. *Hallelu-Ja:* «lobt Jahve», will fast schon sagen: lobt den Ausruf des Lobgesangs. *Jott,* Gott.

Jabès = Jahve. Gott, zweimal, zweideutiger Gott, verdächtiger Gott. Gott, der verkündet, seine eigene Ausrufung, nichts als sein Name zu sein, und darin aufgewogen, um ein Gramm, sein ganzes göttliches Geheimnis. Gott, der weder abwesend ist noch sich zurückgezogen hat, sich weder abgewandt hat noch verloren ist, nur einfach von einem Ausruf zweigeteilt, ein offener Mund des Menschen, lange bevor dieser überhaupt irgendeine Gottheit anrief. *Ja, jab, jott, Job.* Je-mand.

Ja, Jabès, ja der Stamm ohne Ehrfurcht, der ja sagt, doch zu nichts, was man bejahen könnte, der nur ja sagt, wie es der Buchstabe selbst tut, der nichts anderes zu bejahen und zu bewahren hat als den Buchstaben buchstäblich, vielleicht das griechische *diphtera*, die bearbeitete Haut, das Pergament. **Oder das Buch – Buche, Baum, Holz – durch den Stab gestrichen: der Stab, senkrechter Strich der Runen. Jabès schreibt in semitischen Runen.** Ja (zur) Spur, eingeritzte Markierung auf der Oberfläche, die freigekratzt wurde, um den Schriftzug aufzunehmen. Ja zur bekritzelten Oberfläche.

Gedankenstrich des buchstäblichen Namens: A – B.

Edmond = Beschützer der Güter (das behauptet jedenfalls Professor Mallarmé in seinen *Mots anglais*). Edmond bewahrt den Schriftzug, oder vielmehr, er ist selbst der bewahrende Zug, das Gut aller Güter, denn wie könnte ein Gut als solches – in seiner Vortrefflichkeit, in seiner Eigenheit – erkannt werden, wenn es sich nicht unterschiede durch einen besonderen Zug, eine Eigenschaft oder eine Zugehörigkeit? Jedweder Zug, jede Linie teilt Eigenes zu: ein Gebiet auf dieser oder jener Seite der Linie, oder auch die Linie selbst, die sich in sich selbst bis ins Unendliche teilt. Edmond benennt und schützt in den Büchern von Jabès den doppelten Schriftzug des *Ja*, von Anfang bis Ende. Der stets und unendlich verdoppelte Schriftzug, *ja, ja, A-B*.

Jabès schreibt nichts anderes als das. Ein jeder weiß das, jeder hat es gelesen und kommentiert; nichts anderes als das wurde kommentiert, bewußt oder unbewußt, explizit oder implizit.

Edmond Jabès schrieb von nichts anderem als vom Bewahren des Schriftzuges, den zu bewahren unmöglich ist, da dieser jedes Bewahren erst begründet. Die eine unendlich vielfältige Geste der jubelnden Begrüßung des Eigenen: Rühmet ihn, der sich seiner unbedingten Besonderheit rühmt. Reine Lust, in das unerschütterliche Antlitz des Seins Spuren der Ungeduld zu ritzen. Kindliches Vergnügen, *da* zu sein.

Tiefernst und doch ganz kindlich: einfach da sein. Stellen wir uns einmal Edmond Jabès vor als diesen kleinen, neugeborenen Ägypter, nichts als ein Name, dem nichts vorausgeht, allen anderen Namen gleich; er könnte für jeden anderen stehen und ist doch plötzlich schon unverwechselbar geworden, und am Ende all dessen steht eine ganze Geschichte, die niemand jemals vollständig zu rekonstruieren vermöchte, eine gebrochene Linie aus schillernden Steinchen, auf denen derselbe Name steht, eine Linie, die nirgendwohin führt als zu diesem einen Namen, der vielfach gebrochen aus Erinnerungen und Bibliotheken widerhallt. Was heißt es, Ägypter zu sein? Für einen Großteil der Welt bedeutet das soviel wie das Kind an sich zu sein, das Neugeborene, das von nirgendwo herkommt und überall hingehen kann. In einer Weise hat der Ägypter alles vollbracht, er kommt zur Welt und regt sich nicht, und sein erster Schrei ist sogleich stumm wie ein Stein. In anderer Weise – aber heißt das nicht dasselbe? – bedeutet Ägypter zu sein reinen Wandel: er verwandelt sich in einen Juden oder wird Grieche, Araber oder Christ, er kann alle Namen annehmen.

Ägyptisch verweist uns auf den Namen, auf Leid und Lust des Namens, auf seinen Reichtum und seine Armut.

Angenommen, Edmond Jabès hätte nichts geschrieben außer überall seinen Namen. Er hätte nur seinen Namen geschrieben und das überall. Wie einer, der mit seinem Messer seine Initialen und die des anderen ineinander verschlungen, vermischt, verkehrt und vertauscht in ein naives Herz schnitzt: *E.J. = J.E.* Kein «ich», kein «ego», keine Substanz, kein Subjekt, kein Sekundant, sondern das bloße Ziehen einer Linie, der Atemzug im Augenblick des Aussprechens, der geöffnete Mund, das Kratzen der Feder. *Je - Ia:* ich bin nur mein eigener Ausruf (ohne Ausrufung, ohne Wehruf). Nicht Ego, sondern Echo: ja, ia, ya.

Nichts anderes als die Unantastbarkeit des je Ich-Sagens, was kein Sagen unter anderen ist, da es das Sagen selbst ist, das Sagende am Sagen in einem jeden Sagen.

Im Deutschen: *E.J., J.E., je, jemals, von jeher, immer unendlich je sagend.*

Im Arabischen beginnt und endet der Name *JabèS* mit den Buchstaben der 36. Sure, die man bei Begräbnissen rezitiert: «J.S. - Siehe, wir machen die Toten lebendig, und wir schreiben auf, was sie zuvor taten, und ihre Spuren und alle Dinge haben wir aufgezählt in einem deutlichen Vorbild».

Angenommen, Jabès habe nichts anderes geschrieben als das Buch der deutlichen Spuren.

Nichts geschrieben folglich. Nichts anderes als das, was unverhüllt an jedwedem Buchstaben sichtbar werden kann, der, beliebig gewählt und von nichts anderem umgeben als von freier oder bekritzelter Fläche, in den Raum gestellt wird: eine uralte Schriftspur, wie man sie überall auf der Welt findet, ohne doch einen Schlüssel für ihre Kombination zu besitzen. *Vestigium litterae video.* Eine Art Linear B, eine Archi-Rune, eine zweifelhafte Spur, hinterlassen von der Kralle eines Tieres oder von einem herabgefallenen Stein.

Nicht zu lesen, folglich nicht zu entziffern. Daher auch seine Obsession, bedingungslos gelesen zu werden, bis ans Ende dieses «Drangs der Wörter zu den Wörtern» [7], bis zum Ende und in alle Richtungen, bis ins Kleinste pulverisiert, zu Sand oder Schnee oder Sternenstaub in der Milchstraße. Du bist Namenstaub und wirst wieder Staubnamen werden. Von Anbeginn an drängt alles auf Verästelung und Vervielfachung dieses geduldigen, heiteren, hartnäckigen Bemühens, unaufhörlich dieselbe eine, unbeirrbare Schrift zu schreiben, die mit dem starren Schema der allgemeinen Permutation aller Zeichen arbeitet, hinter der sich verbirgt, was in keinem Zeichen, keinem Bedeutungssystem einen Ort hat, *das Buch, das nichts anderes ist als das Unlesbare, das sich selbst Buchstabe für Buchstabe und Blatt um Blatt entziffert.*

Angenommen, gott habe beschlossen, mit unlesbarer Schrift zu schreiben, die Grenzen der Lesbarkeit aller Wörter aufheben, und jabès wäre sein Name, der ja sagt zu seinem Verschwinden, zum Verschwinden des Namens jabès selbst, insofern dieser zu einem Namen geworden und zu gott geworden wäre und so die Zurückhaltung des Namens selbst mißachtet hätte, der niemals zu benennen vermag und der darum weiß und der für nichts und niemanden einen Raum läßt, dessen Name über alle Namen ginge oder ein unermeßlicher Name wäre oder womöglich gar kein Name, denn das hieße noch immer Namen geben, wenn Namen geben soviel heißt wie ins Leben rufen.

Jeder «Nominalismus» führt unweigerlich zu dieser Aporie: Das benannte Ding kann wohl nichts als der Name sein, und doch existiert es eben dadurch schon. Nicht, daß der Name an sich eine Seinsweise hätte (das wäre das sogenannte «Imaginäre»), aber

nichts wird ins Leben gerufen und kommt ins Sein als das Sein selbst, und der Name ist der losgelöste Teil aus dem Prozeß der Selbsttrennung, durch die das Sein seiend wird und sich folglich von sich *selbst*, dem Sein selbst trennt.

Der Name nennt nichts und niemanden: ziehe eine Trennungslinie zwischen einem «ja» zur Existenz und einem anderen «ja», und diese Differenz ist das Existieren selbst. Ich Tarzan, du Jane. Und so sind alle Namen Ja-bès: ja doppelt. Ja, alle Namen sind gleichwertig, sie sind austauschbar, insofern sie ihren Namen voneinander beziehen, und Edmond trägt diese Gleichwertigkeit in sich, das unendlich Austauschbare wie das je Einzigartige, weswegen, da E.J. nicht mehr unter uns ist, diese Stimme nicht mehr zu hören sein wird, diese Stimme, die ein und dasselbe sagte, ein und dieselbe Evidenz zum Ausdruck brachte, wie jede andere Stimme, ja, jede.

Ja! Don't make any comment. For E.J. is already its own commentary. *Selbst schon unaufhörlicher Kommentar seines eigenen Geheimnisses.*

Entheiligtes, ganz und gar greifbares Geheimnis der Namen, das in jedem Augenblick in einem je verschiedenen Sinn wiederersteht. Und dieser je verschiedene Sinn ist doch jedesmal derselbe und steht für alle anderen – wie auf den immergleichen Tafeln und Grabsäulen eines riesigen Kriegsgräberfeldes oder eines Friedhofs für Kata-strophenopfer, wo man die Toten in den Gräbern nicht identifizieren konnte und gerade deshalb die Singularität eines jeden Namen ganz nackt und deutlich zum Vorschein kommt. In den Verbrennungsöfen und Massengräbern jedoch geschieht genau das Gegenteil. Dort wird dem kein Raum gegeben, daß ein jeder Tote für die anderen steht, der Tod wird zermalmt, bis daß die Toten keine Toten mehr sind, und das ist schlimmer als jeder Tod.

Einen Körper auf einem Weidengeflecht oder einer Felsenterrasse den Geiern oder den Adlern, der Sonne und dem Wind aussetzen, ihn unter eine Steinplatte legen oder ihn in einer Urne beisetzen, das alles heißt, diesen Körper willentlich auszusetzen und zu bejahen und nicht, ihn zu Brei zu zermalmen und ihn so zu verneinen.

Die Grabstätte sollte – und das war sie von jeher – der helle lichte Raum einer anderen Geburt sein – keine Wiedergeburt im Sinn irgendeines illusionären zweiten Lebens, sondern das wiederaufgenommene Wagnis der einmaligen Geburt, in der sich ein Platz in der Welt auftut – das ist alles, und das ist schon sehr viel, ja alles, daß ein Platz geschaffen wird für den Sinn von allen und allem. Dieser Platz ist der Platz eines Namens: ein je eigener und auch anonymer Name: *ja, ja, der, dieser da.*

Bes, groteske zwergenhafte Götter aus Ägypten, die am Bett der Gebärenden hocken, Figuren ohne feste Gestalt, mit wechselnden Zügen verschiedenster Tiere und schillernden Attributen. *Bes*, das Doppel des beinahe noch formlosen Körpers, der doch schon aus der Formlosigkeit erlöst ist, Gottheit der unteilbaren Individuation – vielgestaltig, voller Wandel, *«Körper ohne Zahl (...) pflanzlicher, tierischer oder menschlicher Körper; Körper eines Dufts, eines Klangs, einer Gegenwart oder einer Abwesenheit».*[8]

Wie alle aufrecht Gebärenden über einem offenen ausgehobenen Graben stehend, die Beine gespreizt, A, A, Bès, und schon hinausgestoßen, erstgeboren, A keuchend, A, A, Bès, *Abba, Babel, Babylon,*

Beginn, Bethel, Biblia, Byblos, endloses Alphabet aller Sprachen buchsta-
bierend kommen so Namen und Orte zur Welt.

Der geheime Buchstabe des Namens ist der Körper, hinter dem der
Buchstabe verschwindet, der Körper mit dem ganzen Ausmaß seiner
Verwandlungen und Verformungen und Verschiebungen und Ver-
wachsungen und Verstümmelungen – diese Ganzheit, die auf einer
grundsätzlichen Bewegtheit beruht, welche nur in einem Raum gefaßt
werden kann, der in sich um seine eigenen Achse kreist, wo der
Körper von einem Ende bis zum anderen und von einer Geburt zur
anderen *sich gleichen würde* – Körper, an dem kein Fleckchen Haut dasselbe bleiben wird, und dennoch zeigt sich überall dieselbe Haut, *ja*,
gleichsam ihr wahres Gesicht. Er, derselbe, wie sein Name.

So kommen wir zum Geheimnis des Zahlenwerts des Buchstabens,
der sich errechnet nach der von den Pythagoräern überlieferten und
bis zu den neun psephischen Deutungsweisen der Kabbala ausgear-
beiteten Gematrie. So hat nach der gnostischen Deutung des Marcos
Ia, der erste unter den sieben Archonten, den Zahlenwert $10+1$, und
Jabès den Wert $10+1+2+5+200 = 218 = 2+1+8 = 11$. *Jabès*, erster
Archont und zweimal die 1, zweifache Einheit, Runenjüdisch und
Arabischlateinisch, in allen Sprachen sagt er seinen geheimen Namen,
der da lautet *ja* zweimal.

Ja: Jabès mußte doch deutsch sprechen. Mußte die für ihn
unsprechbare Sprache sprechen. Aussprechen. Mußte, von allen
unbemerkt, das Wort und den Namen in diese Sprache tief hinein-
legen, so tief, daß es oder er verschwindet. Et ne revient jamais. Mit
jedem Buchstaben bejaht – jabès – die Schrift, dieses
Verschwinden, also bejaht sich das Schreiben selbst. Was es je
vermochte.

J'abaisse – tief hinunter lasse ich den Namen Jabès gleiten, bis zur Schwelle einer Tür, und ich öffne sie: das weite Land der Prosa tut sich auf und der Exodus kann beginnen.

Juni 1993

Aus dem Französischen von Gisela Febel und Jutta Legueil

Anmerkungen
[1] *Du Désert au livre,* entretiens, Paris 1980, S. 18. Dt.: *Vom Buch zum Buch,* Carl Hanser Verlag, München 1989, S.33.
[2] *Le Parcours,* Paris 1985, S. 81. Dt.: *Der vorbestimmte Weg,* Merve Verlag, Berlin 1993, S. 100
[3] *Littré*
[4] *Das Buch der Richter,* XXI, 8 - 11
[5] *Le Parcours,* S. 25. *Der vorbestimmte Weg,* S. 26.
[6] *Das Buch Exodus,* XV, 2.
[7] *Du Désert au livre,* S. 131.
[8] *Le Soupçon Le Désert,* Paris 1978, S. 99.

Jean-Louis Giovannoni

Variationen zu einem Satz von Edmond Jabès

«Tu perçois ce qui, avec toi, s'efface.
Tu ne peux saisir ce qui dure plus que toi.»

«Du nimmst wahr, was mit dir zusammen
verschwindet, du kannst nicht erfassen, was
dich überdauert.»

Edmond Jabès, *L'Ineffaçable L'Inaperçu*

Du kannst dich nur fassen, wenn du dich gleichzeitig mit dir selbst bewegst.

Das Reglose, diese Erde, die dich nicht verlassen kann, ist in jeder deiner Gesten und auch in ihrem Verschwinden.

Das Reglose kann nicht zurückbleiben: du würdest dich verlieren, dir hinter deinem Rücken abhanden kommen, wenn sich im Reglosen nicht eine Geste hielte.

Die Quelle ist Quelle in jedem Augenblick des Rinnsals, des Flusses und des Meeres; immerzu löst sie sich von sich selbst, findet ihren Ursprung nur, wenn sie sich von ihrer eigenen Quelle entfernt, wenn sie diese weiterträgt, immer weiter noch.

Und da glaubtest du, dich bei der geringsten Regung zu verlieren, dich von dir zu trennen.

Was dich zum Verschwinden bringt, hält dich auch in deinen Gesten, in deinem Körper.

Zum Verschwinden bringen heißt nicht auslöschen, sondern dem Vergessen übergeben, dem Vergessen des eigenen Körpers, um nur beim Körper zu sein.

Alles Gründende bleibt still, um in seinem Schweigen zu tragen, was man nicht fassen soll.

Dort, im Unfaßbaren, beginnt der Saum der Dinge; dort beginnt, was sich der Gegenwart deiner Gesten nicht nähern kann.

Jeder Körper ist die Bekräftigung einer Zeit, seiner Geschwindigkeit. Nur die Körper können gegenwärtig sein, die sich zur selben Zeit bewegen. Nur die Dinge können mit dir zusammen verschwinden, die die Gegenwart deines Körpers teilen, nur die Dinge, die ihre Gegenwart auszutauschen wissen.

Kein Ding, kein Gegenstand, kein Wesen, das nicht einen Augenblick mit dir zu teilen hätte.

Wie könntest du gehen, eine Landschaft oder den Flug eines Vogels sehen, gäbe es nicht die Gemeinsamkeit eines Moments, bevor alles dem nächsten Schritt überantwortet wird.

Stets gibt es in den Dingen etwas, einen Teil ihrer selbst, der zum Zeitpunkt ihres Auftauchens nicht Gegenwart werden kann. Denn nicht alles in uns ist gleichzeitig, nicht alles ist für die Begegnung geschaffen.

Was du nicht fassen kannst, lebt in einer Geschwindigkeit, die sich der deines Körpers nicht anschließen kann. Nur jene Körper können wahrgenommen werden, die dieselbe Gegenwart wie die deiner Gesten leben können.

Wir sind nicht die einzigen, die sich bewegen, die Landschaft im ganzen bewegt sich mit uns. Was sich nicht gleichzeitig mit uns bewegen kann, bleibt in einer unfaßlichen Tiefe, einer Tiefe, deren Gesten zweifellos wir sind, einer Tiefe, die in unseren Gesten das ihr Unfaßliche berührt.

Selbst die Erde bewegt sich, wendet sich immer dem Augenblick zu, da man den Boden berühren wird: sie strebt unserem Schritt entgegen.

Du kannst den Flug eines Vogels nur sehen, wenn du das Reglose seiner Bewegung in dir bewahrst. Du bist der Saum, von dem er auffliegt, so wie der Baum oder der Berg die Gesten sind, die die Weite seines Fluges bewahren und, da sie zu Zeugen seines Verschwindens werden, seinen Flug bekunden.

So bezeugst auch du durch deine Gesten und deinen Körper den Flug dieses Vogels; du bist jener Ort der Bewegung, an dem man sich nach dem Wettlauf ausruhen kann.

Der Zeuge wahrt das Verschwundene stets wie eine Weite in sich, die sich auftut und verschließt in einem jeden Augenblick.

Um zu sein müssen sich die Dinge auf den Ort ihres Verschwindens zubewegen, müssen sich in der Gegenwart ihrer Gesten verlieren, damit sie von neuem zur Behausung dessen werden, was man nicht fassen kann; was sich in anderen Zeiten hält.

Aus dem Französischen von Tim Gruhl

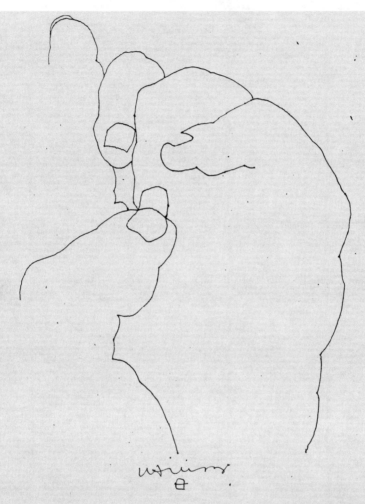

CES QUELQUES LIGNES, ET CETTE MAIN, VEULENT ETRE UN
HOMMAGE A EDMOND JABÈS, LE POÈTE LE GRAND
POÈTE.
UN JOUR APRÈS UNE CONVERSATION, INOUBLIABLE
POUR MOI, JE LUI AI OFFERT UN DESSIN D'UNE MAIN.
C'EST DE LA QUI EST PARTI MA COLLABORATION AVEC
LUI POUR "LA MÉMOIRE ET LA MAIN."

Hans-Dieter Bahr

Die Gastlichkeit des Buches

Jacques Derrida gewidmet

... dieses letzte Buch von Edmond Jabès, *Das Buch der Gastlichkeit* – so war zu lesen – erschien nach seinem Tode ...

Wie bedenkenlos wäre zu sagen, es könnte sich darin die Konsequenz eines Zufalls zeigen, wie er der Logik des Scheidens zufiel! Als werde das Buch der Gastlichkeit erst aufgeschlagen, wenn sich ein Leben verabschiedet. Als vergäbe sich die Gastlichkeit stets nur von ihrer Abwesenheit her, als vorhergehende und vorübergegangene. Als wäre sie nur das Synonym einer Sterblichkeit, eingeflochten in die erzwungenen und erlittenen Träume, heimzukehren oder sich endgültig zu verlieren. – Nein, das ist nicht die Weise, in welcher Jabès sich verabschiedete. (Der Regenbogen mag Zeichen eines Gastgebers aus der Ferne sein, aber eines Gastgebers, der die Gastlichkeit nicht gibt, sondern selbst empfängt; und schon deshalb ist diese nicht einfach die Alternative zum Sand der Wüste.)

Wohl hat Edmond Jabès sich mit einer einzigartigen Geste vom Gastgeber verabschiedet, – auch vom göttlichen – Adieu, – auch von dem, der er war. Von der Gastlichkeit aber gibt es keinen Abschied, man kann sie nur grüßen. (Der Ungastliche, der glaubt, ihr den Rücken zugekehrt zu haben, ist nur einer, der von sich nicht weiß, daß auch er Trauergast ist.)

Das Buch der Gastlichkeit ist nicht deren Gedächtnis, nicht die Inschrift eines – gar unsterblichen Gastgebers, und es ist kein Gästebuch, durch das man sich selbst an das Vergessen – wie

Augstinus sagen würde – zu erinnern vermag. Es besteht keine Instanz, welche Gastlichkeit gibt, sie verweigern oder entziehen könnte. In dem Buch der Gastlichkeit, soweit Jabès es schrieb – und er schrieb es weit . . . – ist nicht von einem «Buch der Gastlichkeit» die Rede, sondern von der «Gastlichkeit des Buches».

X

Wo es von der Gastlichkeit selbst – anstatt von den eröffneten oder verschlossenen Zugängen zu ihr – eine Niederschrift, eine Vorschrift zu geben scheint, als biete sie das Gedenken an, – eine Erwartung, ein Versprechen, vielleicht die Verheißung einer Freundschaft, – im Austausch dafür, für sie einstehen zu wollen: da bemerkt unser Zögern eine Schwelle, unsere Bedenkenlosigkeit aber nur eine Hürde.

Wer diese überschreitet – «Ich will, daß du mein Gast seist, und ich will dein Gast sein» – muß der nicht schon unterschwellig die Stimme eines Geiselnehmers und eines Parasiten mitanhören? Wer vor ihr zurückschreckt, als wäre sie eine Schranke – «Ich will nicht begehren, daß du mein Gast seist und ich dein Gast sei» – wird der nicht von der Unabhängigkeit gefangen gehalten, ängstigt der sich nicht vor jeder Freigabe, weil sie «für Nichts» geschehe? – Es scheint, als könne man nur die Unmöglichkeit benennen, die Gastlichkeit nicht zu verletzen, und doch hat dieser Gedanke etwas Vermessenes.

Im Namen des Ethos der Gemeinschaft gab man sich die «Gesetze der Gastlichkeit», die nicht umhinkönnen – im Versuch, einen Frieden zu wahren, der dem Anderen vielleicht sein Glück ermögliche –, sich zugleich ungastlich gegen die Ungastlichen zu wenden: Gesetze der Hostilität gegen die gesetzlosen Hostilitäten. Die Gastlichkeit aber ist Metaethos: Gastlichkeit eines Gesetzes, das die Lücke im Gesetz zu wahren versteht, die dem anderen als Gast einen Platz freimacht, einen Weg eröffnet, ihn zur Sprache kommen läßt. Und dieses Privileg, welches das Gesetz jedem zukommen läßt, ist das Recht des Gastes.

Wer das Gespräch annimmt, sagt Jabès im Blick auf Israelis und Palästinenser, ist schon kein Feind mehr. Doch keineswegs deshalb nicht, weil man dabei wäre, sich zu versöhnen oder auch nur das Interesse aneinander zu verlieren. Man kann nicht darüber streiten, wie man als erklärte Gegner – gekränkt, zornig, verwundet – auseinandergehen will, ohne ein Tor zu öffnen. Selbst dort, wo jemand von «seinem» Land, seinem Haus, von seiner Geburt, seinem Erbe, seiner Sprache spricht, um sie dem Anderen absprechen zu wollen, stellt er sich noch einem Gegner, anstatt den zum Schweigen zu bringen, den er in seiner Gewalt hat. – Der Nationalist aber – und was ist «internationaler», was nivellierender als der Nationalismus selber? – hat keinen erklärten Feind; er kennt nur Komplizen und Parasiten. Er glaubt, das «letzte Wort» zu haben, indem er sagt, daß es nichts weiter zu sagen gebe. In seinem eigenen Verstummen wird ihm das offene Wort zur leeren Phrase, mit der er die Scheiterhaufen entzündet.

XX

Nicht das Willkommen oder die Abweisung des Anderen und der Kampf zwischen beidem, sondern die nicht enden wollenden Ausrottungen drängen uns zu bedenken, daß niemand Gast «ist» oder «nicht ist», daß jeder nur *zu* Gast ist. Aber wie ließe sich das verstehen, wenn es nicht nur um die Sterblichkeit geht?

Der Gastgeber empfängt den Gast, und doch wird er dadurch nicht zu einem «Gastnehmer», der sich mit dem Gast austauschte. Per definitionem vollzieht sich ein Austausch nur zwischen empfangenden Gastgebern. Sei es als wechselseitiger Tausch, nicht ohne die endlosen Verteilungen von Nötigungen und Übervorteilungen, die man am Traum oder am günstigen Augenblick einer Gleichwertigkeit mißt. Sei es als zirkulierender Tausch, in welchem stets einem Dritten (vielleicht nur einer Idee) zurückerstattet wird, was man vom anderen erhielt. Vielleicht geht es auch nur um den Tausch, in welchem man die Zeichen des Anbietens oder Nachfragens mit denen der Ablehnung eines weitergehenden Tausches austauscht. Vielleicht aber auch um einen Tausch, in welchem sich das Subjekt nicht als unveräußerliches zurückhält, sondern sein Leben aufs Spiel setzt.

Ob man nun jemandem oder niemand anderen als sich selbst zu Gast ist: man wird sich oder den anderen *als* Gast geben können; aber den Gast gibt es nicht. Was man «als Gast» zu repräsentieren sucht, ist schon die Gabe einer Reflexion, die den Gast empfing. Aber nicht als Präsent, nicht einmal in der Weise einer Repräsentanz seiner Absenz. Wir empfangen, was nicht fehlt noch sich gibt: die Offenheit eines Raumes, ohne die es keine Begegnung, keinen Austausch, und nicht einmal die Leere und den Tod gäbe. Der Gast ist keine Gabe: wir empfangen ihn als Vor-Gabe, noch bevor sich das Bedingte und Unbedingte unterscheiden läßt.

XXX

Jeder ist dieser Offenheit zu Gast: der Eine wie der Andere, der Fremde wie der Einheimische, seien sie einander bekannt oder unbekannt, nahe- oder fernstehend, anwesend oder abwesend. Und wenn der Freund und der Feind, der Herr und der Knecht, wenn Mensch, Tier, Pflanze, Gott oder Dämon einander Gast sein können wie auch der Einzelne seiner Verlassenheit oder Befreiung: dann ist etwas zu spüren, als ob die Gastlichkeit von jeder Beziehungsart suspendiere, um jede andere möglich erscheinen zu lassen. – Aber nicht weil der Zugang zu ihr leicht wäre, kann Jabès sagen, sie mache leicht, sondern weil die Gastlichkeit kein Existenzial ist.

Auch bei Cicero finden wir die Aussage, wir seien Gäste auf Erden; doch sie ist schon eingeschrieben in eine Melancholie der Vergänglichkeit, die man nur in eine Tugend verkehren könne, durch die man auch das Eigenste rückhaltlos zu verschenken vermag. (Aber entginge diese Tugend dem Tausch, sich durch sich selbst anzuerkennen?) David sprach mehr von seiner Sehnsucht, wenigstens eine Orientierung zu finden inmitten der verwirrenden, zerbrochenen

Zeichen, deren Dia-boliken auf eine Sym-bolik, auf das unverständliche Gesetz eines Gastgebers zu verweisen schienen. Wer dagegen wie Faust glaubt, den Ort der Gastlichkeit selbst ergreifen zu können, sieht ihn mit Philemon und Baucis in Flammen aufgehen, bevor die Sorge ihn erblinden läßt. – Doch die Sorge um den Zugang zur Gastlichkeit ist nicht deren Struktur. Die Gastlichkeit ist der Regenbogen. Aber wer hat je einen diese Brücke überqueren sehen? Wer glaubt, der Ort des Regenbogen sei dessen Platz, der zwei weitere Plätz verbinde, der rennt hinter ihm her, als gebe es einen Weg zu ihm –, bis er resigniert.

Frage nach dem Weg nur den, der einen Weg sucht, rät Jabès. Zu Gast ist, wer die Wege bewegt und von ihren Kreuzungen weiß. Das Graphem der Kreuzung, X, streicht nur denjenigen Weg durch, der sich als Unbekannte entzieht, weil er sich als einziger ausschließlich anbot. Die Kreuzung läßt jeden Weg durch, auch den, den es nicht mehr oder noch nicht gibt; sie zeichnet das Initial des Gastes in den Sand: X-xenos.

Wer glaubt, er könne den Gast selbst nach seinem Namen, nach seiner Herkunft und seinem Begehr befragen, wer sich also nach den Folgen seiner Zeit erkundigt – (kann man mehr als sich nach seiner Unzeit richten?) –, der verdächtigt ihn schon, als verbreite er nur eine namenlose Gleichgültigkeit, durch die nicht jeder einzelne, sondern nur jeder beliebige zu Gast sei. Er verdenkt das X zu einer Leerstelle, zu welcher er nur die Alternative variabler Besetzungen sieht.

XXXX

In der Präsentation seines letzten Buches spricht Jabès von seiner Suche, die Frage zu finden. Mehr als alles andere hätte ihn bewegt, wie er sich als Fremder verstehen könne, bis er bemerkt habe, daß dies nur von der Gastlichkeit her möglich werde, so wie sich die Worte der Gastlichkeit eines weißen Blattes verdankten. Aber: was ist das, die Gastlichkeit?

Welche Behutsamkeit erfordert diese Frage; denn wie jede ausge-sprochene, gestellte, gerichtete Frage zeichnet auch diese schon eine Antwort vor, deren Fraglichkeit es wiederzufinden gilt. Läßt sich denn die Gastlichkeit ohne weiteres als Sachverhalt auffassen, in ihrem Wesen reflektieren, um sie auf den Begriff zu bringen? Geht ihr die Bedingung ihrer Möglichkeit vorher? Oder ist sie der praktische Entwurf des Nicht-Unmöglichen? Ist die gastliche Offenheit nur ein anderer Titel für die Freiheit zur universellen Selbstgesetzgebung? Ist sie denn der Weg, der uns schon eingeholt hat und uns als unerreich-bares Ziel vorschwebt? Oder ist sie nicht vielmehr die «Sache», *worum* es geht, das Problem ihres Ortes oder – wie Jabès fragte: im Tiefsten des Schweigens das Geheimnis des letzten Wortes?

Wer hier, schon kapitulierend und sich abwendend, eine Rechnung mit dem Wort «Mystik» zu begleichen glaubt, macht es sich zu leicht und sorgt sich um anderes. Spricht denn Jabès von einem «verbor-genen» Geheimnis, das sich vielleicht anderswo und irgendwann, viel-leicht nirgendwo und nie enthüllen werde und eben diese Zeichen schon offenbarte? Wie, wenn die Gastlichkeit das offene Geheimnis wäre, das sich nie offenbarte, weil es nie verborgen war? Dann wäre sie nicht im Wahren und Guten begründet, sondern das Kriterium ihrer Offenheit, ohne das sich auch nichts verschlossen und unzu-gänglich zeigen könnte. «Mystisch» dagegen bliebe gerade die An-nahme, die Mystik gebäre die Dichtung, wo doch vielmehr jene ihr aus-gesetzt ist.

Derrida bemerkte schon früh, daß es in den Fragen von Jabès um die «Literaturfähigkeit» geht. Wenn, wie er schrieb, der Ort des Buches ein «durch Nichts bedrohter Wohnraum» und der Autor «Wächter an seiner Schwelle» ist; dann läßt sich nicht mehr ohne weiteres mit Heidegger sagen, die Sprache sei das Haus des Seins. Der Ort, wo man als Gast weder zuhause (gar Herr der Sprache) noch unterwegs ist (als deren Diener und Bote), dieser Ort zwischen Konstruktion und Methode, zwischen der Ruhe des Platzes und den Wegen der Erfahrung: ist er nicht «hôtel», das offene Haus des Gastes? Es ist

sicher nicht das Haus des Wirtes, als wäre die Sprache die letzte Gastgeberin, die uns bewirte, beschütze und schließlich verabschiede. Es
geht hier nicht um einen Platz, zu dem man zurückkehren kann, noch
um eine Utopie, gar um ein Ideal, zu dem man aufbrechen könnte.
Aber wenn der Ort des Buches die Sprache ist, die nicht aufhört, nicht
zur Sprache zu kommen: dann wären wir auf eine Unmöglichkeit verwiesen, die sich nicht mehr einfach als Gegensatz zur Notwendigkeit
denken läßt.

XXXXX

«Ein Wort aus elf Buchstaben ist das Gebiet der Gastlichkeit. Behüte
jeden von ihnen, denn überall ist die Hölle, das Blut, der Tod!» – Sind
wir nicht angewiesen auf eine letzte, unüberholbare Alternative, welche die Gastlichkeit als Gut dem Ethos unterstellt?

Jabès hatte zuvor von der «Wildheit» des Buchstabens und vom
«gesellschaftsbildenden» Wort gesprochen. Es geht also auch darum,
die Ungezähmheit, die Ungeduld des Buchstabens zu behüten, gerade
um das Wort vor seinem Verstummen in lückenlosen Genealogien zu
bewahren. Das Territorium oder Gebiet der Gastlichkeit ist nicht
etwas, das ihr gehöre und gehorche. Das Gebiet entspricht dem
Gesetz der Hostilität, und erst durch die leidvolle Notwendigkeit der
Befriedung scheint uns die Gastlichkeit selbst entzweit. Jabès vergaß
nicht zu bemerken, daß es da eine Grenze zur «hostilen Gastlichkeit»
gibt, eine offene Grenze: die hostile Gastlichkeit der Wüste, der ver-
femten Rasse, des Vergessens. – Ist es nicht unmöglich, von der
Brücke des Regenbogens herab zu rufen, es sei gut, daß die
Gastlichkeit sogar noch einen Ab-stand (nicht eine Di-stanz) zwischen dem Gut und dem Übel eröffne? Ist es nicht ebenso unmöglich,
der Gastlichkeit einen Ort jenseits von Gut und Böse zuzuweisen, als
ließe sie sich unseren ethischen Interessen entziehen? – Ist es vielleicht diese zweifache Unmöglichkeit, welche die Differenz zu hüten
hat zwischen dem Sand der Wüste und der Asche von Auschwitz?

Daß das Buch den Vokabeln gehöre, von denen es sich nach und nach befreie: das spricht von einer Wüste, die keine Spur tilgt, ohne sich ihr gastlich angeboten zu haben und ohne ihre Wiederkehr in Aussicht zu stellen: «Alles ist wiederzuschreiben – Geburt der Gastlichkeit». Doch stets ist es vielmehr die diskrete Kunst eines vorübergehenden Gastgebers, der dem Anderen einen Blick auf die Gastlichkeit eröffnet, als kümmere sie selbst sich um sein Wohl oder Leid und als verspreche sie dem Trauernden wiederzukehren; so wie sie selbst angesichts der Ataraxie der Ungastlichkeit hostil zu sein scheint. Aber was auch immer die Gastlichen und Ungastlichen verheißen mögen, sie können nicht selbst ihr Versprechen versprechen. Die Frage bleibt offen.

In der Asche von Auschwitz aber zeigt sich kein Versprechen, die Möglichkeiten selbst zu wiederholen: in ihr insistiert nur die erbarmungslos notwendige Alternative, denn die Vernichtung verschließt selbst die Aussicht auf eine hostile, vorübergehend hostile Gastlichkeit, und keine List der Vernunft kann dazu überreden, von einer «mörderischen Gastlichkeit» zu sprechen. Die Finsternis hat keine Weite; sie berührt und geht unter die Haut. Die Asche von Auschwitz aber ist zu fern, zu nächst, ohne Anderswo.

Wie auch betroffen, verwirrt, beschämt, als «Deutscher» entgeht man nicht einer bestimmten Schamlosigkeit, die das Sprechen über Auschwitz mit sich bringt. Denn selbst wenn man vom «Unbegreiflichen» redet, simulieren wir, als wäre nur «etwas», etwas Schreckliches, geschehen, aber wir wissen zugleich, daß wir uns «etwas» vormachen. Das Schweigen aber ist in einer Weise beredt, die nicht zwischen Verdrängung und sprachloser Betroffenheit unterscheidet. «Als Deutscher», heißt das nicht, der Unmöglichkeit ausgesetzt zu sein, über Auschwitz nicht reden und nicht schweigen zu können?

«Deutschsein», – so hatte man einmal gegen die aufkommende nationalistisch-imperialistische und kolonialistische Interessenspolitik zu proklamieren versucht, – hieße, eine Sache um ihrer selbst willen tun. Ernst Blochs Versuch, das Moment einer aufrechten Würde, die der Satz anspreche, davor zu retten, selber nur einem aufgeblasenen nationalistischen Hochmut unterworfen zu werden, mußte scheitern. Und obgleich Hannah Arendt dokumentieren konnte, daß es zum Programm der Nazis gehörte, nichts um seiner selbst willen zu tun: belegt nicht der grauenvolle Wannsee-Beschluß angesichts des Untergangs, daß auch nichts mehr um etwas anderes willen getan wurde? – So tauchte nur wieder jene alte innere Zerrissenheit auf, durch welche auch der Fall der Mauer zum Fall der Borniertheit wurde. Auf einer Demonstration gegen Ausländerfeindlichkeit und Rassismus hatte Wolf Biermann Beifall finden können mit dem gedankenlosen, gefährlichen Satz, die Neonazis machten uns «zu Fremden im eigenen Land». Daß sie uns nicht einmal zu Feinden im eigenen Land, nur zu Komplizen oder Schädlingen machen, demonstriert noch dieses hostile Bild des Fremden, den man als Anderen willkommen heißt, aber der man selbst nicht sein will. In keinem Augenblick hätte verständlicher werden können, was Jabès meinte, als er schrieb: «Diesseits der Verantwortung gibt es Solidarität – jenseits die Gastlichkeit.»

Wenn es seit Auschwitz überhaupt eine Eigenart des «Deutschseins» gibt, dann liegt sie darin, daß dieser Name vielleicht zitiert, aber nicht mehr gedacht werden kann, ohne des Judentums zu gedenken. Wer glaubt, diesen Namen der Selbstbezeichnung einer Nation vorbehalten zu können, wer ihm vom Jüdischen zu «reinigen» versucht, der wird schon im besten Fall zum unwissenden Zeugen gegen sich selbst, der sich einer antizipierten Wiederholung von Auschwitz nicht entgegenstellt.

Aber wissen wir deshalb schon, was sich in diesem Gedenken berührt? – Auschwitz ist nicht einfach eine Vernichtung, die letztlich das Sein des Seienden unberührt ließe, weil die Vernichtung sich notwendigerweise selbst als seiende voraussetze. Wer bemerkt, daß der Aussage, das Offene werde zunichte, kein Gedanke mehr entspricht und keine Rückkehr zum Sein, der ist der Frage ausgesetzt, ob es nicht um mehr geht als um den Sinn der Verneinung, der sich der Sinnlosigkeit entgegensetzt.

Jabès wußte von dem schrecklichen, fragwürdigen, aussichtsreichen Privileg des Fremden, des Juden, des Dichters, nämlich einer Befremdlichkeit ausgesetzt zu sein, die weit mehr das Eigenartige als das Andersartige betrifft. Ihm zu Gast gewesen zu sein, heißt, nicht mehr aufzuhören, es nicht sagen zu können: daß die Gastlichkeit selbst (und nicht nur der Zugang zu ihr) gut sei als tiefster, letzter Gegensatz zu Auschwitz. Denn wir haben die Schwelle zu hüten, die uns davor behütet, die Nichtung der Offenheit als bloßen «Gegensatz» zu denken. Können wir nicht das «Un-» dieser Unmöglichkeit – anstatt als Verneinung zu lesen – als eine *Erneinung* des Möglichen, der Gastlichkeit, zu hören versuchen?

XXXXXX

Wäre unmöglich nur, was notwendigerweise nicht wirklich sein kann, würde sich der Satz Adornos, nach Auschwitz sei kein Gedicht mehr möglich, im Blick nicht nur auf Jabès oder Celan selber vefehlen. Treffend aber wäre er in der Einsicht, daß das Unmögliche zu dichten sei. Das Buch der Gastlichkeit?

Im Unterschied zu den heiligen Büchern, die auf ein Buch hinter dem Buch verweisen, nämlich auf jenes ewige Zeitenbuch, in welchem schon alles geschrieben stehe, – ist das Buch der Gastlichkeit noch und noch nicht, schon und schon nicht mehr geschrieben. Aber diese unmögliche Konjunktion ist nicht der Schauplatz einer Gastlichkeit, auf dem sich jeder Widerspruch verunbilde und wieder auseinandersetze, um einer Versöhnung entgegenzugehen. Die Offenheit der Gastlichkeit wird nicht von der Entscheidung, uns einen Zugang zu ihr zu eröffnen oder zu verschließen, ein- oder gar überholt.

Bezüglich des *Buchs der Fragen* hatte Derrida nach der Möglichkeit des Buches gefragt, die «früher» als das Buch sei (gleichsam als das Apriori, das nicht «sich» voraussetzt). Ich hatte das Glück, während eines Besuches bei Jabès erleben zu können, was für ein aufmerksamer Zuhörer Derridas er war, und daher möchte ich mich trauen zu sagen, daß das *Buch der Gastlichkeit* auch die Frage ist, mit der Jabès auf die Frage Derridas antwortete.

Das hebräische Wort für «Gast» ist ein Kompositum aus «Fremder-Einheimischer», und so legt es uns in einem Augenblick dar, daß sich der «Gast» als Differenz öffnet; wogegen das indoeuropäische Wort noch zu dem Schein verleiten konnte, der Gast habe einen «eigenen» Namen. (Die erste Silbe, in all ihren Abwandlungen von «ho-» bis «ga-» blieb auch in Benvenistes etymologischer Analyse auffallend verschwiegen, als hätte das Zeichen den Rest zu hüten, der sich weder auf den «Tauschenden» noch auf die demonstrierbare dritte Person, «Er selbst», zurückführen läßt.) – Doch zum «Gast» fehlt jede Opposition, die ihn – wie etwa den «Geist» - hätte zum Begriff erheben können. So wenig wie der «Gast» ein verkehrendes Gegenüber des «empfangenden Gastgebers» bezeichnet; so wenig wie er als «männlicher» einer «Gästin» entgegengesetzt wurde, (auch der Neologismus «hostesse» bezeichnet nur die Gastgeberin); so wenig korrespondiert dem «Ungastlichen» ein «Ungast». Der «Gast» verweist auf die Unverneinbarkeit dessen, der nicht bei sich ist, nicht einmal in der Repräsentanz eines Abwesenden, ohne doch zu fehlen. So wird von ihm her begreiflich, daß dagegen der Geist stets nur beim Anderen *seiner selbst* verweilen kann. Gerade als «absoluter» ist der Geist nicht von sich selbst «freigesprochen», – es sei denn, er wäre zu Gast. Der Gast, so denke ich, verweist auf jene «Unmöglichkeit, ein Selbst zu sein», von der Derrida sprach.

Wie kann man – unheilige Einfalt! – immer noch unterstellen, es ginge hier um eine «Verneinung» des Möglichen, der man sich «im Namen des Individuums» widersetzen müsse? Wir wissen doch nicht erst seit Stirner, daß sich die «stoische Selbstlosigkeit», der «verzweifelte Selbstverlust», die nihilistische Selbstaufgabe triumphierend an ihrer «eigensten» Notwendigkeit aufreiben.

Aber nicht weil wir auf die Korrektoren nicht verzichten können, hatte ich den Wunsch, Derrida mein An-denken an Jabès zu widmen. Berührt nicht jeder Diskurs ein Zwiegespräch, das es ohne den Dritten zu Gast nicht gäbe?

XXXXXXX

Es gibt Begegnungen, die vielleicht zu viel verlieren, wenn man weiter von ihnen spricht, weiter als die Hand reicht, die nach Jabès die Gastlichkeit, im Unterschied zum Blick der Brüderlichkeit, auszeichne. Und gehört dazu nicht auch die Begegnung mit einer großen Persönlichkeit wie Edmond Jabès? Kann man über einen solchen Gastgeber sprechen, ohne seine Gastlichkeit zu verletzen, ohne deren «schweigsames Einverständnis» zu brechen? – Wenn ich mich dennoch trauen möchte, von einer solchen Begegnung zu erzählen, so in der Überzeugung, daß man den Zugang zur Gastlichkeit auch verfehlen kann, streift man niemals die Ränder einer gefährdeten Intimität. Und es geschieht im Gedenken an die Gastlichkeit jenes Nomaden, der zweifellos eine Person, niemals aber den zurückkehrenden Gast als «denselben» wiedererkennt.

(Vor einigen Jahren, angesichts der ausbrechenden Fremdenfeindlichkeit, hatte mich eine bestimmte Institution in Wien, zur Zeit der Präsidentschaft Waldheims, gebeten, bei hervorragenden Wissenschaftlern, Philosophen, Schriftstellern anzufragen, ob sie an einem Symposium über Gastlichkeit teilnehmen würden, und meine Freude war groß, Zusagen erhalten zu haben, die sich keiner leicht gemacht hatte. Dann, als wäre es um ein vertagbares happening gegangen, hatte man das Projekt scheitern lassen, und ich weiß nicht, ob aufgrund interessierter Intrigen oder durch die Intriganz mangelnden politischen Feingefühls. – Hätte Jabès mir doch in diesem Augenblick schon zurufen können: «Verweigert man dir die Gastlichkeit, fasse die Verweigerung so auf, als wäre sie deine.»)

Auch Jabès hatte eine politische Verantwortung überzeugt zuzusagen, und diese war durchquert von seinem Wissen, daß man zu ihr nicht nur seinen Teil beizutragen sucht, sondern daß erst die Einzelnen ihr die Farbe, die Leuchtkraft geben können. Ich war gewohnt, daß man die Frage nach dem Gast oft zu rasch dem Verhältnis zwischen dem Fremden und dem einheimischen Gastgeber unterstellte. So versuchte ich, auch die gänzlich unauffällige Erscheinung des öffentlichen Gastes, der jeder zu sein beansprucht, ins Spiel zu bringen. Und doch ging es im Gespräch bereits nicht mehr vorrangig um einen Austausch von Mitteilungen, sondern um die gemeinsame Frage, wie wir den Gast verstehen könnten.

An einer bestimmten Stelle im Gespräch zitierte ich einen Satz aus dem *Petit livre de la subversion hors de soupçon*, der mir eine Orientierung versprach: «L'écrit n'est pas un miroir. Écrire c'est affronter un visage inconnu.» Edmond Jabès stutze einen Augenblick erstaunt und bemerkte dann: «Sie erinnern sich und ich hatte den Satz schon vergessen». Und ich erwiderte, mich habe ein anderer an ihn erinnert: der Künstler, der vor 800 Jahren die Mosaike im Dom von Monreale, bei Palermo, gestaltet hätte. Das erste Bild, über den Anfang der Genesis, zeigt das Gesicht Gottes, das auf das Wasser unter ihm blickt: aber aus dem Spiel der Wellen blickt ein anderes Gesicht auf ihn zurück! – Alles ist wiederzuschreiben …

Jabès' ungewöhnliche Fähigkeit zum Gespräch geleitete mich schließlich dahin, sogar von der Krise zu sprechen, in der sich mein Schreiben über «Die Sprache des Gastes» befand, – als gebe er mir zu verstehen, es sei vielmehr die Krise eines Schreibens, der wir uns ausgesetzt hätten. Er hatte mir zugesagt, etwas über die Gastlichkeit zu schreiben. Jetzt, beim Abschied aber bat er mich um das wohl beunruhigendste Versprechen, das ich je gab, nämlich dieses Buch zu schreiben, von dem wir wußten, daß man es nie wird zu Ende schreiben können. Und schon deshalb ging es hier nicht um einen

Austausch von Versprechen, als gälte es, etwas zu begleichen. Es ist der Wunsch nach dem Wunsch des Anderen, der diesem einen Zugang zur Gastlichkeit eröffnet.

XXXXXXXX

Nicht ohne deren Umschrift begegnete ich auch diesen Spuren im *Buch der Gastlichkeit*, und da man es immer noch nicht übersetzt hat, möchte ich den Traum von Jabès wiedergeben, der sich an der Schwelle vom «Regenbogen» zum «Raum des Abschieds» zeigt –, aber nur, um an einer bestimmten Stelle innehalten zu können:

«Ich hatte folgenden Traum. Ich war dabei, ein Blatt Papier zu suchen. Ein Satz ging mir nicht aus dem Kopf und ich wollte ihn niederschreiben. Ich schrieb, obwohl ich kein Papier hatte. Ich litt darunter, nicht zu schreiben und ich schrieb dieses Leiden. – Worauf schrieb ich? Ich könnte es nicht sagen. Ich schrieb, daß ich nicht wüßte, worauf ich schrieb. Ich schrieb sogar, daß ich nicht wüßte, ob ich überhaupt schrieb. – 'Du glaubst zu schreiben' – sagte mir ein Besucher, der mir zusah, seit einiger Zeit, ohne daß ich es wahrnahm. – 'Schon hast du alles geschrieben, dann alles vergessen'. So ist es wohl, ohne Zweifel, dachte ich. Ich schreibe das Vergessen und entsprechend vergesse ich, was ich schreibe. Wer wird lesen, was nicht zu lesen ist?...»

Michel Camus

Wir, der Ewige Jude

Wo ist Edmond Jabès im ersten *Buch der Fragen* (*Das Buch von Yukel* und *Die Rückkehr zum Buch* einbegriffen)? Hat er nicht Hunderte von Facetten seines eigenen geheimnisvollen Diamanten geschaffen, hundertmal soviele Heteronyme wie Pessoa, eine ganze Litanei an Namen imaginärer Rabbiner, die alle denselben Vornamen Reb tragen, zu welchem der Schlüssel folgender sein könnte: **R**[abbin] **E**[dmond] [Ja]**B**[ès], der hebräische Buchstabe Beth, ein Buchstabe, der kabbalistisch doppeldeutig dem Mund zugesprochen wird und im Zentrum seines Namens steht. Aufgrund seiner eigenen Dialektik der Einheit der Gegensätze ist er Edmond Jabès und ist nicht Edmond Jabès. Er ist die Stimme des jüdischen Volkes. Er ist der Mund der unmöglichen Wahrheit der Vokabeln. Er war es, der dem Wort *Vokabel* einen neuen poetischen Sinn gab. Die Vokabeln sind dem Mund und dem Klang, also dem Atem und dem Leben, näher als die Tinte der auf Papier festgeschriebenen Worte. Poetischer Ehrgeiz, den toten Buchstaben zum Leben zu erwecken, indem das Gehör dem Sehvermögen vorgezogen wird. Das Ohr vernimmt zugleich die Stimme und die Stille der Vokabeln. Nur die Worte sind lebendig, die mit der Stille des Sakralen verbunden sind. Und Edmond Jabès trägt natürlich diese heimliche Anwesenheit der Stille in sich: *«Ein Gedicht zu schreiben war für mich immer die Vollendung eines religiösen Aktes.»*[1]

Für uns Leser wird Reb Jabès immer diese unzähligen Heteronyme des Edmond Jabès sein, deren Aufzählung (bis zu sieben pro Seite: Reb Nefla, Reb Bar, Reb Guesin, Reb Naam, Reb Sayod, Reb Feder, Reb Sari) unendlich wäre.

Das *Buch der Fragen* ist eine Art Epos des umherschweifenden Juden, des fremden Juden, des exilierten Juden, des Juden, den wir in uns tragen, denn: *«im Augenblick des Sterbens, kann man sich nur als Jude fühlen».* *«Ach, die Toten sind alle Juden; Fremde für die anderen und für sich selbst.»* Wenn wir uns im Labyrinth seines Buches verlieren – und uns darüber freuen, uns ins Unendliche zu verlieren, fühlen wir uns schließlich als Juden, ohne Juden zu sein; Edmond Jabès hingegen, der sich als Jude entdeckte, nachdem er sich als Schriftsteller entdeckt hatte *(«Ich dachte zuerst, ich sei ein Schriftsteller, doch dann wurde mir bewußt, daß ich Jude war, danach habe ich in mir selbst den Schriftsteller nicht mehr vom Juden unterschieden, denn sowohl der eine als auch der andere sind nur die Qual eines uralten Wortes.»)*, wird gewahr, daß er sowohl das Schicksal des Juden auf sich nimmt als auch die Unmöglichkeit, Jude zu sein. Er erinnert sich an einen Traum, den er voller Verwunderung erlebt hat: er hatte geträumt, kein Jude mehr zu sein! Welcher Nicht-Jude hat schon, umgekehrt, jemals davon geträumt, Jude zu sein?

Reb Jabès hört nicht auf, das Unglück und «die Qual der Logik» seiner «Rassenbrüder» zu beschwören. Das Wort *Rasse* kommt oft bei ihm vor in Ausdrücken wie «die Menschen meiner Rasse», «die Wunden unserer Rasse», «mit dem letzten lebendigen Wort erlischt die Rasse», «. . . dieses Schicksal . . . unserer Rasse», «die Säuglinge unserer Rasse wurden von Schreien aus Milch gesäugt», «die Juden – erwähltes Volk der Mitte – ringend mit den Fragen ihrer Rasse» usw. Kein Zweifel, für Reb Jabès, für eine seiner Stimmen unter Tausenden, existiert sehr wohl eine jüdische Rasse: *«Der gelassenste meiner Rassenbrüder sagte zu mir: 'Keinen Unterschied zwischen dem Juden und dem, der es nicht ist, zu machen, bedeutet das nicht, schon kein Jude mehr zu sein?'».* Hierin liegt eine poetische Wahrheit: die der Besonderheit, Jude zu sein (selbst ohne religiöse Zugehörigkeit zur hebräischen Tradition), die nichts mit der politischen Bedeutung des Rassismus zu tun hat. So wie es eine unendliche Anzahl von Ebenen der Wirklichkeit gibt, gibt es eine unendliche Anzahl von Bedeutungsebenen. «Rassenbrüder» bedeutet: Brüder derselben metaphysischen Rasse. Über den Umweg einer Geschichte erzählt uns Reb Jabès, daß er nicht nur jüdischer Rasse ist, sondern auch gelber Rasse *(«denn der gelbe Stern war meine Sonne»)*, schwarzer Rasse *(«denn um mich herum ist alles Nacht»)* und weißer Rasse *(«denn meine Seele ist weiß wie der Stein des Gesetzes»)*. Mit anderen Worten: der Jude ist universal. Zumindest ist «die Schwierigkeit, Jude zu sein» ein Zeichen der Schwierigkeit, universal zu sein: *«Die Bahn, der ich folge, wurde von den Menschen meiner Rasse vorgezeichnet; die Bahn der Einsicht und der Eingebung − der Eingebung von der Einsicht; der Einsicht gegen die Eingebung − die Bahn der Widersprüche und des Zweifels, an deren Ziel jedoch das Heil steht, das wiederum Zweifel ist.»*

Bei Reb Jabès gibt es einen absoluten Glauben in die heilige Dimension der Stille und eine radikale Kraft des Zweifels angesichts der Relativität jedweder Vokabel. Seine Beziehung zu der rätselhaften Erscheinung der Natur als auch zu dem ins Unendliche geöffneten Buch des Menschen wurzelt im Absoluten des Gesetzes: gesichtsloser Gott der zweifachen Transzendenz von Subjekt und Objekt. Eine Transzendez, die paradoxerweise immanent ist: *«die Fliege, die vor deiner Fensterscheibe summt»* oder *«der glorreiche Geist und das zu verachtende Fleisch»*. Für ihn ist Freiheit das Bewußtsein grundsätzlicher Notwendigkeit: *«Wie kannst du hoffen, frei zu sein, wenn du nicht mit deinem ganzen Blut an deinen Gott und an den Menschen gebunden bist?»* Doch das Jüdische des Reb Jabès liegt am Rande des Judentums. Er geht völlig frei mit den heiligen Schriften um, und so kommt leise Ketzerisches zum Vorschein, ja sogar ein freiwillig begangenes Sakrileg: *«Die Vorstellung, die ich von Gott habe, ist schrecklich; blind, stumm, einarmig, ein beinloser Krüppel. Herr, ich gleiche Dir in meinem Unvermögen, Dich zu erretten.»* Bei ihm ist Dichtung an sich Erzählung des Ursprungs. Nur die Stille an der Wurzel des lebendigen Wortes ist heilig: *«Gott ist das Schweigen aller Vokabeln»* – *«Das Schweigen sein inmitten der Stille der Vokabel»* – *«Ausführungen, Reden unterbrechen, um dem Schweigen zu ermöglichen, in seiner Rolle als Fährmann zu bestehen.»*

Jude sein? Wie kann man Jude sein? Es ist ein Daseinszustand schwindelerregender Komplexität, in dem sich die vererbte Einsamkeit, die Fügung, der Fremdenstatus der Juden – sowohl für sich selbst als auch für andere (jeder fürchtet, «die Identität» des anderen zu «auszugraben»), «das jüdische Universum» des Buches, das Unglück des metaphysischen Exils («du warst niemals *hier*, immer *anderswo*»), der gemeinsame Schatten, das gemeinsam erlittene Unglück, das ewige Umherirren («die Bürde des Ewigen Juden»), «das erratische Wort» Gottes, das Dürsten nach dem Absoluten in der Seelenwüste, das Rätsel der Quelle, das über allen Widersprüchen gipfelt *(«In jeder Freude gibt es einen See von Bitternis; in jedem Schmerz gibt es in einer Ecke einen Freudengarten»)*, die Wahrnehmung des Unendlichen *(Die Juden «leben eingeschränkt in ihren Taten, in ihrer armseligen Behausung aus Tinte. Das Unendliche quält sie und ist doch ihr einziger Retter, so wie sich das Sandkorn rettet, wenn es ihm gelingt, als Stern zu entkommen.»)*, mit dem Tod verbinden. Und an diesem Punkt ist Edmond Jabès etwas anderes als ein *Dichter* im herkömmlichen Sinn des Wortes. Die Worte der Gemeinschaft sind fast immer Kadaver, niemals glorreiche Körper.

Weder aus Tradition religiös noch besonders mystisch, ist er – dieser Jude aus Ägypten, wo er bis zum Alter von 45 Jahren lebte – einer der seltenen metaphysischen Dichter Frankreichs, die sich über das, was vor der Geburt und das, was nach dem Tode ist, Gedanken machen. *Das Buch der Fragen* ist ein metapoetisches Werk. Das «Ich» bei all den Reb Jabès' ist Träger einer unpersönlichen Stimme, einer kollektiven Stimme, nämlich der des metaphysischen Bewußtseins der Juden und ihrer «Rassenbrüder» bei den Nicht-Juden. Es ist auch Träger eines ewigen Fragens, des Fragens der antiken Metaphysik nach dem Einen und dem Verschiedenen, einer Metaphysik des Ganzen und der Allmacht des Nichts, des *Seins* und des *Nicht-Seins* und, darüberhinaus, des Seins *jenseits vom Sein*: *«bis über den Tod hinaus»*. So stellt Reb Jabès dem Leben die Wahrheit des Todes gegenüber, «die Wahrheit der Leere», wie er sagt. Für ihn ist «die einzige Frage des Menschen: Was ist der Tod?» unlöslich verbunden mit einer anderen Frage: «Was ist der Mensch?» Eine Frage, die in der quälendsten aller Fragen enthalten ist: Was heißt es, Jude zu sein? Was ist Ich-sein?

«Ich sage *Ich* und ich bin nicht *Ich*. *Ich* ist du und du wirst sterben». Jude sein ist das Axiom Rimbauds: «Je est un Autre» – «Ich ist ein Anderer». Man muß den Tod der Philosophie überwunden haben, um wie Raymond Abellio, von der hebräischen Gnosis geprägt, schreiben zu können: «Die Identität ist die absolute Andersheit», mit anderen Worten: die Identität ist unendlich. Reb Jabès sagt dasselbe, nur anders: *«Ich» ist das Universum.* Im Grunde kann derjenige, der *seine eigene* Identität sucht, sie nur in *seinem eigenen* Tode finden. Nicht mehr sein, in den Augen Reb Jabès', ist «mehr sein» oder auch «das Ganze sein, denn das Ganze ist Abwesenheit». Deshalb konnte er schreiben: «Die Leere ist dein Antlitz» – «Die Leere ist deine Reise». Bei ihm hat «der Blick des Blickes» den ins Unendliche reichenden Sinn, den das transzendentale «Ich» bei Husserl hat, eines anderen Juden von genialer Begabung, der die abendländische Philosophie zur Vollendung führte, indem er eine neue Gnosis schuf, in die er diejenige Meister Eckharts miteinbezog und sie damit zum Abschluß brachte. Der metapoetische Jude verbindet sich paradoxerweise mit dem großen christlichen Dominikaner in seiner Vision der Positiviät des Negativen. Die Leere des Reb Jabès ist Fülle. Der Tod *«ist nicht der Verlust der Erinnerung, sondern ihre Apotheose. Die Apotheose des Lichts»* – «*Der Tod ist in der Liebe, und die Liebe ist vor und nach dem Leben»* – «*Das Jenseits des*

Lebens verbindet sich mit dem Jenseits des Todes: dasselbe Wasser, dasselbe Feuer, dieselbe Wüste» – «Werden wir nach dem Tode wieder sehen können?» – «Der Mensch vollendet sich, indem er sich selbst überwindet. Der Tod macht ihn zum Ebenbild Gottes. Und er dachte: Wo der Tod uns erlöst, wird das Unmögliche möglich» – «Der Tod ist für jeden erfülltes Leben, der am Leben selbst verzweifelt» – «Der Tod ist das unsichtbare Leben, er ist das Leben Gottes». Eines Gottes, der weder der der Juden, noch der der Christen ist. Eines Gottes voller Rätselhaftigkeit: «die Einsamste aller Vokabeln», «die Verborgenste aller Vokabeln». Eine poetische Vision, die eher metaphysisch als religiös ist und eine unmittelbar wirkende alchimistische Erfahrung einschließt, eine wahrhaft innere Umsetzung.

«Schreiben bedeutet, eine Reise zu unternehmen, an deren Ende man nicht mehr derselbe sein wird.» Das *Buch der Fragen*, das mit einem paradoxen Axiom seinen Anfang nimmt: «Du bist der, der schreibt und der geschrieben wird», ist eine Art Buch der Wandlungen oder Verwandlungen (ohne hier Bezug auf das chinesische Yi-Jing nehmen zu wollen). Denn die Schrift ist operativ und von derselben Wirksamkeit wie der Austausch von Energie in jeglicher Form von sexueller Alchimie, die in der Liebe wurzelt. Wenn es einen «Vorrang des Wortes vor dem Menschen» gibt, dann durch das Vermögen der Wachsamkeit, durch die Stille, die es mit sich führt, durch die Fenster und Türen, die es zum Inneren des Menschen hin öffnet, dort, wo die «Seele weiblich ist» und wo sie auf die der Welt eigenen Weiblichkeit trifft. Um diese unsichtbare weibliche Essenz zu symbolisieren, *tragen die Propheten und die Gläubigen ihr Gewand.* Am Ende seines Lebens, allein durch sein Sein, trug Edmond Jabès sozusagen das Gewand seiner Weisheit. Er war in innere Gelassenheit gehüllt, Zeichen einer wahrhaftig erfüllten Erkenntnis. Er war Franzose durch die Sprache, deren Möglichkeiten, mit der Mehrdeutigkeit des phonetischen Worts zu spielen, ihn immer wieder begeisterten (wie *«l'envers et le droit»* – das Verkehrte und das (Auf)Recht(e) – oder wie die Assoziation der Worte «*légère*» und «*lingère*» – leicht und rein), doch ebenso sephardischer Jude aufgrund seiner Empfindsamkeit, die in Bildern wie «Brüste der Nacht» oder anderen biblischen Motiven – Sandwüste, Esel und Dattelpalme unter feurig rotem Himmel – zum Ausdruck kommt.

Im Grunde ist der «Jude», den er im Innersten unseres transzendentalen Bewußtseins bloßlegt, nichts anderes als das Rätsel der Dichtung, *die wir sind* – die wir als Sterbliche sind –, das Rätsel der Dichtung, verborgen im unsterblichen Kern unserer selbst. Der ist kein Dichter und wird leider auch niemals einer werden, der, mit Blindheit geschlagen, nicht sein eigenes inneres Gesicht zu erkennen vermag, nicht die Nacktheit seiner Seele, sein Gesicht ohne Gesicht in dem des ewig umherziehenden Juden zu sehen vermag. Des Juden . . . der leise von einem Wort zum anderen irrt im unendlichen Labyrinth des *Buchs der Fragen*.

Penta di Casinca, 26 VII 93

Aus dem Französischen von Elke Bader

Anmerkungen
[1] Sämtliche Zitate aus : Edmond Jabès, *Le Livre des Questions I,* Collection L'Imaginaire, Éd.Gallimard, Paris 1988. (Die vom Autor zitierte Ausgabe enthält: *Le Livre des Questions, Le Livre de Yukel, Le Retour au Livre.* Die Zitate aus *Le Livre des Questions* wurden der deutschen Übersetzung, *Das Buch der Fragen,* Alphëus-Verlag, Berlin 1979, entnommen. Alle übrigen Zitate wurden von uns übertragen. A. d. Ü.)

François Laruelle

Das Feuer, das Buch:
innerhalb der Grenzen des Nicht-Judaismus

1. Lehrsatz des Nicht-Judaismus

«Nicht-Judaismus», diese eine
Unter allen Theorien zur Identität
(Des) Judaismus
Besagt, daß sie als Identität ist
Annähernd-Judaismus, das Jüdische ausgenommen
(Durch Verallgemeinerung: nicht-griechisch in-Eins
Annähernd-griechisch, das Griechische ausgenommen)
So spricht der Mensch: poema –
Thematisch

Ich habe aufgehört, aus dem Jüdischen eine jüdische Geschichte
     zu machen
Aus dem Nicht-Jüdischen ein Griechisch-Werden
«Nicht-Juden» nenne ich den Menschen, der aus seinem Menschsein
     den Schluß zieht, dem bloßen Umstand des Jude-Seins gegen-
     über ein Fremder zu sein
Auf nicht-jabesianisch: «Wenn 'ich' *wirklich* 'ich' ist, so könnte sein
     Gebrauch nur von einem Fremden beansprucht werden – von
     einem Nicht-Juden. Um schließlich er selbst zu sein, mußte der
     Jude dem bloßen Umstand des Jüdischen gegenüber kom-
     promißlos (das heißt als Mensch) nicht-jüdisch sein»

Ich habe das *Eine* und das *Andere* geschieden
Mehr noch als das *G*esicht den Geist und die Wasser des Seins
     scheidet

Ich habe das *E*ine dem *A*nderen vorangestellt

Ich habe es aus seiner Erniedrigung und seiner Geiselhaft empor-
gehoben

Mit dem *E*inen habe ich einen Schlag gegen den *A*llerhöchsten
geführt

Aus ihm habe ich die äußerste Transzendenz abgeleitet

Ich habe unter mehreren Lehrsätzen den einer nicht-judaischen
Wissenschaft des Judaismus dargelegt:

«Ich und der Nicht-Jude sind in-letzter-Instanz-identisch
das Jüdische ausgenommen»

Den Judaismus habe ich zum Anlaß genommen

Den Menschen-das-Buch das-Feuer-das-Buch zu denken

Den Ruf habe ich zum Axiom gemacht

Das Gebot zur Hypothese

Die erstickten Worte habe ich zum Schweigen des *E*inen gefügt

Aus der Asche und dem Schrei habe ich das *V*ielfältige gemacht

Aschen und Gebeine sind unsere Transzendentalien – die Leere des
Seins habe ich damit gefüllt

Ich habe das Buch dem Menschen gegeben im *E*inen (des) Menschen

Ich habe den Menschen dem Buch gegeben im *E*inen (des) Buch(s)

2. Nicht-jabesianische Lehrsätze

«Der Nicht-Judaismus und das *E*ine (des) Buch(s) sind ein
und derselbe Affekt, dieselbe Regung, dieselbe Offenbarung»

«Der Nicht-Jude, im *E*inen (des) Buch(s), ist selbst auch Buch.
Das Buch ist für den Nicht-Juden mehr als eine Bestätigung
es ist die Offenbarung seines Offenbar-Seins als Nicht-Jude»

«Wovon lebt der Nicht-Jude? In-letzter-Instanz von seiner absoluten
Treue zum *E*inen (des) Buch(s), denn sie ist Treue zu sich
selbst»

«Wer ist der Nicht-Jude? Der blutleere Schatten, der den Menschen
    trägt oder den Fremden, als den der Mensch sich ableitet
    aus der Intimität seines Blutes und der Innerlichkeit seines
    Fleisches?»
«Zuerst glaubte ich, ein Philosoph zu sein, dann ein Jude, schließlich
    habe ich den Philosophen in mir nicht mehr vom Juden unter-
    schieden, denn eines und das andere sind nur der Grundstoff
    einer uralten Regung – das *Eine*»
«Absolute Vergangenheit nenne ich das, was nie vergeht, nie
    zurückbleibt hinter dem, was auf es folgt – das Sein,
    das Buch – jedem Gedenken vorzeitige Vergangenheit –
    das Eine (des) Buch(s)»

3. *Das Eine (des) Buch(s) oder das Letzte Buch*

Ich nenne «*Letztes Buch*» das erste Buch, insofern es
    erstes ist, mehr noch als es Buch ist
Letztes in Bezug auf die Bücher, denn es ist das *Absolut Erste*
Eine (des) Buch(s), vor dem Buch vom *Einen*, wie es da ist
Auf nicht-jabesianisch: «Vision-in-El» oder «El-in-El»
Vgl. «El oder das letzte Buch», siebte Verzweigung des Buchs der
    Fragen
Seltener noch genannt als JHWH-das-Tetragramm
Durch das alle Namen Namen des Buchs sind
Nicht-verbranntes Buch, annähernd-talmudisch
    den Talmud ausgenommen
Niemals geschrieben oder gelesen – entfacht
Das Sein entfachend mit seiner Einfachheit
Buch, geoffenbart-ohne-Offenbarung
Geoffenbart-in-*Einem*
Bevor es beginnt Offenbarungs-Buch zu sein

Nach ihm schreibt sich die Schrift einmal
Schreibt sich nicht mehr zwei-für-allemal
O doppelte Schrift, O Übermaß der Schrift, O Mehrwert der Schrift
Das Lesen findet einmal statt
Findet nicht mehr zwei-für-allemal statt
O etc.

*4. Die Kraft (des) Letzte(n)s Buch(s) oder das Feuer als Entscheidung (vom)
Ein(en) aus*

Ich nenne «Feuer» die Buch-Kraft des *Letzten* Buchs insofern es
      absolut *Erstes* ist
Das *Eine* (des) Feuer(s) mehr noch als das Feuer-als-*Alles*
(Wobei eine Kausalität der Metamorphose gegeben wäre)
Oder mehr noch als das Feuer-als-*Anderes*
(Wobei eine Kausalität der Schöpfung gegeben wäre)
Ich habe das Buch subtrahiert vom griechisch-jüdischen Streit um
      das Feuer
Ich habe die absolute Vergangenheit der Flamme «Feuer» genannt

Ignis transcendentalis
Es fügt nichts hinzu noch nimmt es etwas fort vom Letzten Buch
Bestimmende Kraft des Absolut Sterilen
Macht des Einen (des) Buch(s) wie zurückliegend das Entfachte
      auch sei
Älter als Blitz-der-Formgebende
(Gegeben sei das Sein)
(Konjektur, einer zukünftigen Beweisführung überlassen:
      «Von Heraklit bis Hitler das Feuer! das Feuer! dieselbe
      onto-vulkano-logische *Differenz*»)

Älter als Feuer-das-Reine
(Gegeben sei das Andere)

Schwarzes und weißes Feuer
Ohne einen Flammen-Spiegel
Ohne eine Flammen-Verzweigung
Unter absoluter Subtraktion jeglichen Brennpunkts
U-fokal
«Anderes» insofern als Kraft (des) Einen
Nicht als Erniedrigung des Einen

Feuer ist aufgeschobene Verfolgung $\Big\}$ des Buch-des-Buchs
Aufschiebende
Induktion und Deduktion des BuchSeins
Das-Eine-sieht-in-Einem eine Identität-des-Lichtscheins
Die aus Aschen Licht auf tausend Bücher-ohne-Buch wirft
Und eine Vielzahl von Gebeinen hinterlegt
Universelle und notwendige Gebeine a priori
Sie sind Vokabeln
Sie besagen das Eine auf andere als auf jüdische Weise

5. *Ableitung des Buch-Seins*

Gegeben seien
Zwei Terme: das Buch, das Feuer
Gegeben sei «Feuer-das-Buch», ihre griechische Vermengung
Zweimaliges Auto-dafé des Buchs
Durch das Feuer, des Feuers
Durch das Buch

Griechisch das Feuer als Transzendenz-der-Flamme
Auf-das-Buch-hin
Rück-Mutation des Feuers und des Buchs
Griechisch die dringende Mahnung: «Sorge dich um das Buch-das-
    Feuer in seiner Ungeteiltheit»

Gegeben sei
«Buch-in-Feuer», ihre judaische Linie
Einmaliges Autodafé des Buchs, wo nichts zurückbleibt an Aschen
Nur die Einmaligkeit des Buchs
Judaisch das Feuer als Abstammung
Des Buchstabens und des Wortes
Judaisch das Gebot: «Das Feuer ist der
    Wächter des Buchs als seine höchst ungleiche Hälfte»

Gegeben sei
Das Axiom, nicht-griechisch durch das Eine, annähernd griechisch
    das Griechische ausgenommen:
«Das Feuer ist *Feuer* (des) *Letzten* Buchs mehr noch als Feuer-das-
    Buch»
Das Axiom, nicht-judaisch durch das Eine, annähernd-judaisch
    das Judaische ausgenommen:
«Das Feuer ist *Feuer* (des) *Letzten* Buchs mehr noch als Buch-in-
    Feuer»

Gegeben sei
Also, was ins Werk gesetzt wird durch das *Feuer*, Entscheidung (vom)
    Einen aus
Ein absoluter *Chorismos* des Einen (in-Eins)
Und des Seins (außer-Eins-in-Eins identisch-in-letzter-Instanz)

Das Eingesichtige des Buch-Seins

Aus dem absoluten Untergang } mit denen das *Andere*
Aus der un-umkehrbaren-Umkehrung } einen Schlag gegen
Aus der Abstammung } das *Eine* führte

(Das Griechische schlägt den Menschen mit Offenheit

Das Jüdische schlägt ihn mit Herkunft)

Das Buch-*S*ein behält, was es aus dem

Nicht-memorialen *Feuer* erhält

Den prägenden Schlag des Unilateralen

(Der Mensch schlägt das *S*ein und das *Buch*

Mit seinem passiven Menschsein)

Buch ! das *Feuer* läßt es zutage treten im *Einen* (des) *Letzten* Buch(s)

Eine transzendentale Feuersbrunst

Aus dem Innern des *Feuers*

Hüllt es für alle Zeiten in das Licht jungfräulicher Aschen

6. Wer ist das Buch?

Außer-*Feuer* das Buch-*S*ein

Seien gegeben tausend imaginäre Bücher

Die so sie noch nicht geschrieben

So doch auf alle Zeiten zukünftig sind und bereits geschrieben

Bewohnerinnen der Leere – Aschen !

Statthalter des (nicht-)*Einen* – Buchstaben !

Aus einem ungeteilten Fallen

Tauchen sie jedesmal mit einem einzigen Schlag auf

Außerhalb der Transzendenz des Buch-des-Buchs

Ich habe das Buch-des-Buchs vereinfacht

Diesseits der *E*inheit

Bis hin zur Einmaligkeit des Buchs in jedem Buch
Ich habe das Buch-des-Buchs vervielfacht
Jenseits der Zwei
Bis hin zur unendlichen Vielmaligkeit des Buchs in jedem Buch
Einzigartiger als das Buch-Jabès: nicht-jabesianisch
Universeller als das Buch-Borges: nicht-borgesianisch

Das Buch – identisch
Buch   der Buchstabe – identisch
Buchstabe   die Vokabel – identisch
Vokabel

Feuer leitet sie aus dem Einen ab
Durch Strenge und durch Leere
Formalismus der verbrannten Leiber
Nicht-jüdisches Fleisch der Intimität
Gewand der menschlichen Identität

Aus dem Französischen von Stefan Zörlein

Felix Philipp Ingold

. . . schreiben heißt geschrieben werden . . .

Lesenotizen zu einigen Texten von Edmond Jabès

«Aus einem einzigen Wort
sollen wieder alle Sätze werden.»
Elias Canetti

Schreiben. – Unter den vielen, in sich recht widersprüchlichen Funktionsbestimmungen, welche Jabès für den Akt des Schreibens gegeben hat, finden sich, besonders zahlreich, auch solche, die den Schriftsteller als denjenigen ausweisen, der, indem er schreibt, einen stets schon vorgegebenen unsichtbaren Text sichtbar . . . lesbar werden läßt. Wer also, in diesem Verständnis, schreibt, kann für sein Geschriebenes, das immer nur Nachvollzug einer Lektüre ist, keine Urheberschaft beanspruchen.

Wer schreibt, schreibt Gelesenes nach; jedoch das Gelesene ist bloß eine mögliche Lesart des Unlesbaren.

Wer schreibt, muß zuvor einen unleserlichen Text entziffert haben; wer einen *Text* schreibt, schreibt nicht *seinen* Text, wird aber in jedem Fall dessen erster Leser sein.
Vielleicht läßt sich, von daher, auch das bei Jabès oft wiederkehrende Paradoxon aufklären, wonach der Schriftsteller nicht ein Autor sei, der schreibt, sondern ein Leser, der geschrieben wird. «Wir schreiben», schreibt Jabès (E 50), «nichts anderes als das, was zu lesen uns gestattet war und was bloß einem winzigen Teil des in Worte zu fassenden Alls entspricht.» Oder nochmals, radikaler formuliert und ins Existentielle gewendet (P 13):« . . . das Schweigen – es erfindet uns.»

Einklang. – Zahlreich sind die Stellen, an denen Jabès dem Schrifttext Qualitäten wie Transparenz, Leere, Unsichtbarkeit zuschreibt oder wo er das Buch . . . nicht anders als Gott . . . mit einem weißen Abgrund, mit schwarzem Feuer, mit der schattenlosen Wüste vergleicht. «Ich schreibe, während die Nacht sich ausfaltet», heißt es im dritten *Buch der Fragen* (RL 95): «So ist denn die unsichtbare Form des Buchs der lesbare Körper Gottes. – Im Feuer ist das Wort die unverbrannte Asche.»

.

Für den Text, für das Buch und allgemein für die Sprache gilt, was Jabès mit Bezug auf die Wüste festhält, deren Schweigen er als ihre Stimme wahrnimmt, so wie er in der Weiße des unbeschriebenen Blatts den zu schreibenden Text erkennt.

Die Bücher reden anders als ihr Autor; sie reden, nach Jabès, «mit ihrer eignen Stimme», und diese Stimme «ist älter als die meine, und ich könnte, in meiner Begrenztheit, bestenfalls so weit kommen, daß ich meine Stimme auf klägliche Weise den undatierbaren Echos der ihren angleiche». Was heißt, daß die Stimme dessen, der spricht, nur als Echo eines umfassenden Schweigens verlauten kann, als «ein Nichts an Stimme» wie das Piepsen der Mäusin Josefine, die bei Kafka als die größte aller Sängerinnen ihren Auftritt hat; und so kann auch der Text nur aufgrund des unlesbaren Namens Gottes, der für ihn die transparente Folie bildet, lesbar werden.

.

Solchem Textverständnis vermag besser als jede poetologische Theorie- oder Metaphernbildung die mit sich selbst identische Klangfigur der *Homophonie* zu entsprechen, und zwar deshalb, weil homophone Fügungen, im Unterschied zu anderen rhetorischen Figuren, gar nicht erst hergestellt werden müssen, sondern stets vorzufinden, aufzudecken sind.

Die Homophonie ist eine in der Sprache immer schon angelegte, wenn auch gemeinhin kaum bemerkte Silben- oder Wortkonstellation, deren Lautqualität und Klangfolge, anders als bei den üblichen Verfahren der Wiederholung, mindestens zwei unterschiedliche, oft gegensätzliche Lesarten ermöglicht. Der Gleichklang akzentuiert die seman-tische Differenz, regt jedoch auch dazu an, die Bedeutungsunterschiede interpretativ zu harmonisieren. Gleichklang der Form sucht nach Einklang des Sinns.

Bei Jabès gibt es dafür eine Vielzahl von Belegen. Daß der Homophonie in all seinen Schriften eine privilegierte Stellung zukommt, braucht nicht zu überraschen, obwohl dieses Sprachphänomen ansonsten, in poetischen wie in diskursiven Texten, äußerst selten eingesetzt und für die Gewinnung zusätzlicher Bedeutungsdimensionen kaum genutzt wird.

Gerade die homophonen Fügungen sind's, die am ehesten das bewirken können, was Jabès generell unter Subversion versteht und was er speziell als subversive Rede zu praktizieren sucht; eine Sprache nämlich, die gewissermaßen aus und für sich selbst spricht, ein gewaltfreies, nicht auf Verständigung, nicht auf Verständlichkeit gerichtetes poetisches Sprechen, das *die Wörter in den Wörtern* zum Klingen bringt und somit die konventionelle Wortbedeutung in Frage stellt, ohne sie eigens verzerren, verfremden zu müssen.

.

Notwendigerweise ist Homophonie mit Polysemie gekoppelt, homophone sprachliche Ausdrücke sind immer auch Momente semantischer Bifurkation, Ausdrücke, die sich oftmals in Form von Paradoxa selbst erklären beziehungsweise sich *ad absurdum* führen.

In der Homophonie wird das Wort zur Subversion des Worts; die Zwei-, die Mehrdeutigkeit seines Klangleibs macht zielgerichtetes Bedeuten- und Verstehenwollen zunichte.

Subversiv ist diese Wirkung nicht etwa darum, weil homophone Wörter *eine* bestimmte Bedeutung verbergen, sondern, gerade umgekehrt, darum, weil bei Homophonie *verschiedene* Bedeutungen gewissermaßen an der Wortoberfläche, auf der lautlichen Ebene, unverstellt exponiert werden. Auch das Wort *subversion* weiß Jabès subversiv zu lesen, nämlich als *sub vers* Sion, im Sinne von «hinunter gen Zion» oder «darunter, (aber) gen Zion».

Als weiteres Beispiel für eine derartige Selbstexplikation sei das von Jabès oftmals verwendete Wort *commentaire* («Kommentar») angeführt, dessen genaue homophone Entsprechung, *comment taire* («wie verscheigen»), die Grundbedeutung in ihr Gegenteil zu verkehren scheint, dabei aber exakt das zum Ausdruck bringt, wovon Jabès anderweitig und in andern Worten spricht, wenn er, mit Bezug auf den Gottesnamen, den umschreibenden oder erklärenden Kommentar als eine Möglichkeit ausweist, das Unnennbare zu *verschweigen* (*siehe* DL 136, 142; vgl. EL 12-15).

•

Der Kommentar, so lehrt's im Französischen die homophone Lesart, ist wenn nicht der eigentliche, so doch der einzig mögliche Text. Der eigentliche Text ist das Schweigen Gottes beziehungsweise der unnennbare Gottesname, und als solcher bleibt er, nie zu erfassen, Gegenstand des Kommentars; der Kommentar wiederum wäre identisch mit der Gesamtheit aller mündlichen und schriftlichen Texte, die es dem, was Jabès Gott nennt, ermöglicht, durch den Menschen sich selbst zu erkennen ... durch den Menschen sich selbst zu lesen im *Innern* seines, des göttlichen Namens.

•

Doch man vergleiche bei Jabès, unter andern, auch die folgenden homophonen Wörter und Wortverbindungen, von denen einzelne nur partiell übereinklingen, andere wiederum in kommentierenden Sätzen auseinandergelegt sind; zum Beispiel: *Toujours est dans tout et dans le jour.* («Immer ist in ganz und im Tag.») – *Le noir nous noiera.* («Das Schwarze wird uns ertränken.») – *Le livre . . . se livre . . . se délivre* . . . («Das Buch . . . gibt sich hin . . . macht sich frei . . .») – *Nœud de vie . . . nœud de vipères* . . . («Lebensknoten . . . Viperngezücht . . .») – *Fin resurgit . . . du mot: Faim. La fin est affamée* . . . («Das Ende . . . der Hunger . . .») – *Mort rose, moroses méditations* . . . («Rosiger Tod, dunkles Sinnen . . .») – Oft sind es allerdings ganz einfache Wortformen wie *aile/elle, dure* (zu *dur/durer), suis* (zu *être/suivre)* oder *crois* (zu *croire/croître),* deren offensichtliche und eben deshalb «subversive» Doppelbedeutung Jabès in manchen seiner Texte bis zur Ununterscheidbarkeit *ineins* setzt.

Es versteht sich, daß derartige Wortverbindungen in keine andere Sprache übersetzt werden können. Homophonien sind ihrerseits so etwas wie innersprachliche Übersetzungen, Wörter einer Sprache, die sich gewissermaßen in sich selbst übersetzen, wobei ihre Identität als Signifikanten gewahrt bleibt, während gleichzeitig ihre Bedeutung in eine schwebende, oft auch abgründige Ambivalenz versetzt wird.

•

In der Homophonie, die übrigens ja auch zwischensprachlich auftreten kann, scheint Jabès ein universelles Wesensmerkmal des Gottesnamens und also der Sprache schlechthin zu erkennen. Als Lautgestalt ist die Homophonie mit sich selbst identisch, sie läßt sich, als solche, zwar artikulieren, bleibt aber in ihrer Bedeutungsvielfalt unaussprechlich und bedarf, wo der Kontext keine Klarheit schafft, des Kommentars. Homophone Wortfügungen unterlaufen, stören oder verhindern verbale Kommunikation.

In der Homophonie kommt aber die Sprache, sozusagen, mit sich selbst ins Gespräch. Der Einklang, der auf solche Weise zwischen semantisch oft weit auseinanderliegenden Begriffen hergestellt wird, ist für Edmond Jabès ein letzter und ferner Nachhall aus vorbabelschen Zeiten, da die Sprache noch ein Ganzes, eins, *ein* Klang war.

Also, vielleicht, Schweigen.

.

Nachdenklichkeit. – Man hat Edmond Jabès, da er weder als Dichter noch als Erzähler oder Essayist eindeutig zu rubrizieren ist, verschiedentlich als «poetischen Denker» bezeichnet. Fragt sich nur, was genau Jabès als «poetischen Denker» auszeichnet.

Poetisches Denken ist ein begrifflich und konzeptuell schwaches Denken, ein Denken, das nicht an vorgegebenen Zielen oder Problemen orientiert ist und progressiv sich darauf zubewegt; ein Denken vielmehr, das sich heimsuchen, auch sich verführen läßt von der Sprache, das das Wort zuerst stets auf das Wort bezieht, und nicht, wie allgemein üblich, auf die Sachen. Solches Denken ist weder an Logik noch an Kausalität gebunden, es lebt sich aus nach Maßgabe dessen, was die Wörter ihm eingeben; poetisches Denken entwirft sich am Leitfaden der Sprache, es setzt sich nicht durch, es setzt sich bloß aus, löst keine Aufgabe, bringt keine Antwort, sondern stellt Fragen, stellt auch sich in Frage, indem es *seinen Lauf nimmt* und dabei, bisweilen, sich selbst zuwiderläuft.

Die Sprache denkt das Ungedachte ... das Undenkbare; den Gottesnamen, den weißen Abgrund, die horizontlose Wüste, sie sagt den «undenkbaren Sand» (P 98) im Gleichklang der Wörter ... *impensable sable.*

Wenn Jabès von der Schrift sagen kann, diese werde «von den Wörtern fortgerissen» (P 30) und sei durch deren Attraktivität weit mehr determiniert als durch den Willen . . . das Wollen des Autors, so ist damit auch die Eigenart und Eigendynamik eines Denkens bestimmt, das man poetisch nennen könnte; eines Denkens eben, das dem Schreiben nicht als Konzept vorgeordnet ist, um erst nachträglich im Text sich niederzuschlagen.

Poetisches Denken ist präsentisches Denken, seine Bewegung verläuft simultan mit der Geste des Schreibens. «Ich schreibe in der Gegenwart», schreibt Jabès (P 51); und: «Die Gegenwart schreibt mich.»

.

Der Autor kann nicht wissen, wohin das Diktat der Sprache seine Sätze lenkt; seine Aufgabe besteht darin, die Wörter sich aussprechen zu lassen und all das, was selbstredend . . . zumeist in Form von Paradoxa . . . aus den Wörtern spricht, immer wieder neu zu befragen, ihm durch Befragung immer wieder neuen Sinn abzugewinnen, das heißt, seine «Offenheit zu wahren» (LM 101).

Poetisches Denken, so aufgefaßt, fällt sehr weitgehend mit dem zusammen, was Jabès als «jüdisches Denken» charakterisiert hat (PT 176):

«Jegliches Denken denkt sich im Wort; denn der Satz, der's enthüllt, enthüllt sich erst von einem Denken aus, das ihn, seinerseits, dazu veranlaßt, sich zu denken.

Dieser Vorgang ist dem jüdischen Denken vertraut . . .

. . . Das Sagen des Judaismus ist dem Poetischen zugewandt, es ist das Sagen seines Werdens, das 'Werdende seines Werdens'.

Das Nachdenken, wie es bei den Kommentaren des Judentums in Erscheinung tritt, ist zutiefst geprägt von der Lücke, von der ganzen Unendlichkeit des Poetischen.»

•

Das Sprachdenken, wie Jabès es versteht und praktiziert, bedient sich nicht der Sprache, es wird von ihr bedient, gewinnt von dorther den Impuls für seine unberechenbare Eigenbewegung, die keine anwendbaren oder auch bloß plausiblen Ideen hervorbringt, dafür aber immer wieder neue staunenswerte Wortkonstellationen, durch die dem Denkweg auch immer wieder neue Perspektiven sich eröffnen.

•

Vielfach verzweigter Weg. Vielfach gestaffelte Perspektive.
Wo die Sprache sich ihre Gedanken macht.
Nur aber wie.

•

Man hat gelegentlich auf Jabès' frühe Prägung durch den Surrealismus, auf seine freundschaftliche Beziehung zu Max Jacob, später auch zu Michel Leiris verwiesen, um seine wortspielerische Schreibweise, zum Beispiel den bei ihm besonders häufigen Einsatz von «Kofferwörtern» *(mots-valises)*, von falschen Etymologien oder minimalen Laut- und Letternverschiebungen literarhistorisch einzuordnen.

Jabès selbst hat sich, so plausibel diese Einordnung auch sein mag, stets dagegen verwahrt, auf die Poetik des surrealistischen «Wortspiels» festgelegt zu werden, und überhaupt wollte er seinen Umgang mit dem Wort keineswegs als Spiel, sondern als strenge *Wortarbeit* verstanden wissen, es sei denn, wie er in einem Gespräch mit Cohen relativierend festhielt (DL 133), daß «die Wörter es sind, die mit uns spielen».

Das Wortspiel bestünde demnach darin, daß die Wörter ihr Spiel mit uns treiben, indem sie sich immer wieder anders zu lesen geben und immer wieder anders begriffen werden müssen; nicht eine vorbestimmte Bedeutung steht hinter den Wörtern, hinter den Wörtern stehen immer wieder neu zu bestimmende andre Wörter . . . «die Entzifferung des Buchs ist ohne Ende», denn «das Wort, das wir befragen, befragt seinerseits uns», und so sind wir «plötzlich der Riß des Buchs, seine Hoffnung und seine Not, zerrissen von unsern Widersprüchen, von unsrer Unfähigkeit, zu sein» (DL 142). Die von Jabès, vor allem im Spätwerk, weithin praktizierte Wortbefragung ist zugleich assoziative Wortentfaltung und subversive Sinnproduktion; mehr als an surrealistische Schreibweisen erinnert dieses Verfahren an den alttestamentlichen Leitwortstil, an kabbalistisches Sprachdenken und generell an den häufigen Gebrauch lautlicher Parallelismen und Analogien in biblischen Texten.

.

Kein Wort steht, nach Jabès' Sprachverständnis, für sich; jedes Wort nimmt die Stelle eines andern Worts ein; jedes Wort ist in sich gebrochen, da es durch seine endliche Laut- oder Schriftgestalt immer auch an andern Wörtern Anteil hat und letztlich immer auch Teil des Gottesnamens, mithin der unerschöpflichen Gesamtheit des sprachlich Gegebenen und Möglichen ist. Denn «der Name Gottes ist das Nebeneinander sämtlicher Wörter der Sprache», und «jedes Wort ist bloß ein abgetrenntes Fragment dieses Namens» (DL 142).

Jabès hat in diesem Zusammenhang von der «Desorganisation des Satzes vermittels der Assonanz» (DL 136) gesprochen und dazu auch diverse Beispiele aus eigenen Texten angeführt (E 14f), die erkennen lassen, «wieviele Wörter ein Wort enthalten kann, Wörter, die es unmerklich untergraben»; jedes Wort sei ein dem Ansturm andrer Wörter ausgelieferter *(livré)* Ort, von dem aus dem Buch *(livre)* eine völlig neue Sinnperspektive sich eröffnen könne: «Ist es nicht seltsam? sagte er. Das Wort, das das Wort bricht, um sich von ihm abzulösen, hat bis auf weiteres den Schlüssel des Buchs inne.»

.

Die wenigen Textseiten, welche Jabès in *El, oder das letzte Buch* (El 10 - 16) dazu benötigt, um den brisanten Eigensinn der aus dem Wort hervorbrechenden Wörter faßbar, erfahrbar zu machen, sind ihrerseits beispielhaft dafür, wie weitgehend der Autor *(auteur)*, als der Andere *(autre)* des Buchs, den Wörtern die Initiative, dem Text die Selbstdynamik überläßt, das heißt ihn *tun* läßt, was er zugleich *sagt*, statt ihn sagen zu lassen, was der Autor oder der Leser zu tun hat.

.

Auf knappem Raum sind in jener Textpassage alle Wortfiguren sowie deren Verschiebung und Entfaltung zu beobachten, die bei Jabès, besonders im Spätwerk, die Schreibbewegung bestimmen und damit auch auf die jeweilige Bedeutungskonstitution einwirken. Da gibt es nebst häufigen Wortwiederholungen, einfachen oder umgekehrten Parallelismen minimale Laut- beziehungsweise Buchstabenversetzungen, durch die weit auseinanderliegende Wortbedeutungen jäh zu neuartigen Konstellationen verknüpft werden (z. B. *livré/livre; dépense/défense; autre/être*); dazu kommen anagrammatische Versetzungen (wie *écrit/récit*), homophone Worteinsätze (*voix/voie; sans racines/cent racines*) und assonantische Satzbildungen wie diese: «*Le <u>Nom ju</u>stifie le <u>nom</u>ade. Le <u>juif</u>, hér<u>itant</u> du <u>Nom</u> perdait, en même <u>temps</u>, son lieu . . .*» - eine Wortfolge, die durch drei unterschiedlich gehandhabte Assonanzen fast vollständig determiniert ist, und zwar durch den Bezug *nom/nomade* (nasal/nicht-nasal), durch die lautliche Kontraktion von *justifier* zu *juif* sowie durch die partielle Homophonie zwischen *héritant* und *temps*.

•

Im selben Textstück kommt es über fast zwei Druckseiten hin zu einer weitreichenden Wortentfaltung, welche einsetzt mit der Frage: *«Et comment serais-je . . .»* (auch homophon zu lesen als *commencerais-je*), um fortgeführt zu werden durch eine lockere Reihe von Vokabeln, die alle auf -o- beziehungsweise auf -om- betont sind *(comme-complicité-ombre-comme-commune)* und aus denen sich allmählich das Wort <u>*commentaire*</u> herausbildet. Dieses Wort bleibt in der Folge das dominante Themawort des Texts und wird als solches weiteren Brechungen und Modifikationen unterzogen. Aus einer ersten Brechung entsteht zu *commentaire* («Kommentar») der homophone Fragesatz *comment taire* («wie verschweigen»), aus *taire* ergibt sich durch einfache Lautversetzung *être* («sein»), *comment* wird erweitert zu *commencement* («Beginn») und außerdem lautlich variiert durch *o insistant questionnement* («o beharrliches Fragen»); über die lautliche Leitsilbe -*om*- gelangt Jabès ferner, wie bereits erwähnt, zur Wortverbindung *nom/nomade*, um schließlich noch einmal auf den «Kommentar» zurückzukommen und ihn nun selbst zum Gegenstand des Kommentierens zu machen (mit Hinweis auf die klanggleichen oder klangähnlichen Verben *taire* («verschweigen»), *se taire* («schweigen»), *faire taire* («zum Schweigen bringen»); in den folgenden Zeilen wird *taire* noch einmal mit *être*, aber auch mit *autre* assoziiert, und an *commentaire* erinnert ein letztesmal eine mehrgliedrige Wortsequenz, die durch die Lautkombination -*o/r*- assonantisch verbunden ist *(mort; corps; lorsque; correspondant; informant)*.

•

Texte und Textpartien, die sich, wie das hier erläuterte Beispiel erkennen lassen mag, aus einem oder einigen wenigen Leitwörtern entfalten, finden sich bei Jabès in allen Schaffensphasen, besondern häufig allerdings in dem nach Abschluß des Buchs der Fragen (*Le Livre des questions*, 1963/1973) entstandenen Spätwerk; der ausgeprägte Leit-wortstil, der diese Texte zwischen diskursivem und poetischem Diskurs in der Schwebe hält, sie auch immer wieder zu kühnen, bis-weilen forciert wirkenden Metaphern oder Denkfiguren verdichtet, bezieht seinen Grundimpuls aus einem radikalen, poetisch überstei-gerten Nominalismus, wie er vor allem in den Texten der Kabbala, aber auch bei christlichen Gnostikern und Mystikern praktiziert wird.

.

Jabès hat das Judentum als einen «Widerstreit von Lesarten» charakte-risiert (P 41); wo aber die Wahrheit ihre *Eindeutigkeit* verliert, wo sie sich konstituiert als eine *Vielfalt* von unterschiedlichen, auch gegen-sätzlichen Lesarten, büßt der Autor die Autorität dessen ein, der das Sagen und damit auch die Wahrheit hat. Anderseits zieht die solcher-art bedingte Entmächtigung des Autors unweigerlich die Aufwertung des Lesers nach sich. Der Leser wird nicht auf ein bestimmtes Textverständnis festgelegt, sondern ist aufgefordert, anhand eines offenen Textangebots möglichst viele Bedeutungen zu eruieren.

Das Wort soll hier keine vorgegebene Bedeutung *haben*, es soll, be-griffen als ein semantischer und klanglicher Komplex, Bedeutung *eröffnen*. Über Bedeutungen, gerade wenn sie divergieren, braucht man sich, meint Jabès (LSLS 164), nicht zu einigen; denn dort, wo Bedeutungen vereinheitlicht und zu allgemein geltender Wahrheit gebündelt werden, verliert die Poesie ihren Daseinsgrund, und auch poetisches Denken hätte dann keine Perspektive mehr.

.

Kommentar. – Autor und Leser stehen einander bei Jabès nicht gegen-über, bilden kein dialektisch funktionierendes Gespann, sind viel-mehr . . . *eins*. Der Autor *ist* der Leser, sein Schreiben erweist sich als eine besonders intensive Art zu lesen und kann mithin, in der für Jabès typischen paradoxalen Verschlaufung, passivisch verstanden werden, nämlich so, daß der, der schreibt, geschrieben wird.

«Einzig der Leser», Jabès selbst unterstreicht es (LSLS 159), «ist real». Diesem Autor-als-Leser wie auch dem Juden ist gemeinsam die «Treue zum Buch», die ständige Konfrontation mit dem Text, der in der Stimme die Stimme, im Gesang den Gesang, im Wort das Wort wahrt.

Den *Text* lesen heißt, im Hinhören auf den Text *den* Text heraushören und herausschreiben, der *im* Text verborgen ist (P 80); und es heißt auch, in jedem Wort des Texts die Wörter detektieren, von denen es «bewohnt» ist (P 78); und es heißt schließlich, daß ein Wort durch all jene Wörter zu ergänzen ist, die zu seiner Entzifferung gebraucht werden.

Das Wort, so wäre demnach zu vermuten, vertritt keine bestimmbare, außerhalb seiner selbst liegende Bedeutung, vielmehr enthält es in Form von Homophonien, Anagrammen, Palindromen oder einfachen Klangassoziationen seinen eigenen Kommentar, einen allerdings latenten, diskreten Kommentar, der immer erst lesbar gemacht werden muß. Und eben dieser diskrete Kommentar ist dem Wort, zu dessen Entzifferung er beiträgt, nicht nachgeordnet, sondern stellt, ganz im Gegenteil, den eigentlichen Text dar, zu dem jenes eine Wort, das ihn hervorgebracht hat, der eigentliche Kommentar ist. Kurz, allgemeiner und mit Jabès gesagt (P 69): «Nicht der Kommentar ist's, der kommentiert, sondern der Text, der ihn angeregt hat. – Der Kommentar ist stumm.» Der Stummheit des Kommentars Atem, Stimme zu geben, bleibt Sache des Lesers; wie des Autors.

·

Fluß. – Bei Jabès verbindet sich die Geste des Schreibens zumeist mit der Vorstellung des Fließens, des Strömens; die Materialität der Schrift, zugleich auch deren Prozessualität vergleicht er gern mit der Fluktuation von Wasser, dem Pulsieren von Blut, dem Lodern der Flamme, dem Samenerguß, dem Sandflug.

Von allen Weisen des Schreibens kommt dieser Vorstellung . . . Schrift als Fluß . . . das Schreiben mit Tinte am nächsten. Der Tintentropfen, der leicht zitternd an der Federspitze hängt und aus dem der nächste Schriftzug seine Lesbarkeit gewinnt, enthält, in Potenz, eine Vielzahl von Wörtern, Sätzen, die sich, schwarz auf weiß, sogleich niederschlagen werden im leeren Geviert des zu beschreibenden Papiers. Die Tinte ist das, was *seinen Lauf nimmt,* damit die Wörter, der Schreibbewegung des Autors folgend, ihrer ursprünglichen Weiße sich entwindend, sich als Schriftzug niederschlagen können.

Was hier seinen Lauf nimmt, ist letztlich die Bewegung der Sprache selbst, ihr Fluß muß «von Tinte» *(d'encre)* sein, soll sich ausleben auf dem unbeschriebenen Blatt, ihre Schriftwerdung ist Voraussetzung jeglicher Lektüre.

.

Alle Briefe, die ich von Edmond Jabès habe, sind mit der *Hand* geschrieben; alle seine Texte entstanden als Manuskript, sind ihm «aus der Feder» *geflossen.*

.

Machtwort. – Der Jude redet . . . der Dichter schreibt aus einer Position der Schwäche; seine Stärke ist seine Frage. Die Frage kommt vom Rand, ist Einwurf von draußen. Die Stärke der Frage besteht darin, daß sie das Machtwort schwächt. Aber sie hat eine Schwäche auch; nämlich wer die Frage stellt und fragend die Macht dessen herausfordert, der das Sagen hat und also seine eigne Wahrheit vertreten kann, stellt sich selbst in Frage, gibt sich preis. Wird *weggebeizt*. Vielleicht deshalb gehören Dichter und Juden in allen Diktaturen zu den Opfern; wo sie aber dem Diktat sich unterwerfen, hören sie auf, Juden . . . Dichter zu sein.

•

Genicht. – Kein Gedicht kann mein Gedicht sein; das Gedicht spricht mit eigner, also fremder Stime; was es sagt, ist die Sprache, und nicht, was ich zu sagen habe.
Was Ich zu sagen hat, wird nie zum Gedicht, bleibt «Genicht».

Die Sprache spricht das Gedicht; durch das Gedicht, im Gedicht spricht sie sich am wahrsten aus, am wenigsten verständlich. So gibt sie sich, als Gedicht, zu denken.
«Philosophie dürfte man», wie einst Wittgenstein notierte, «eigentlich nur erdichten.» Noch weiter geht Jabès (Et 96), wenn er sagt, schreibt: «Dem Philosophen ziehe ich den Denker vor und dem Denker den Dichter.» Ob das ein Plädoyer für schwaches Denken ist. Vielleicht ermöglicht Begriffsstutzigkeit überhaupt erst das Dichterwort. Jedenfalls gerade das starke Gedicht . . . Celan hat dafür ein Beispiel gegeben, das auch für Jabès Geltung hat . . . *setzt sich nicht durch, es setzt sich aus.*

•

Lesefrucht. – Nicht freiwillig ißt man vom Baum der Erkenntnis; der Mann muß, von Mahl zu Mahl, verführt werden dazu. Vielleicht kommt Erkenntnis noch immer verfrüht, nämlich früher als das Wissen-, das Verstehenwollen.
Die Frucht ist ein Versprechen; ein Verbrechen, sie zu essen.
Wer Erkenntnis gewinnt, lernt unterscheiden, zieht dem Wort die Idee, der Frage das Urteil vor, wird zum Kritiker. Der Kritiker ist dem

Dichter feind, so wie, nach Jabès (LSLS 291), die Idee dem Wort feind ist: «Die Idee ist die Ursünde.»

Der Sündenfall, verursacht durch den Mißbrauch der vom Baum gelesenen Frucht als Erkenntnismittel, führt zum Auseinanderbrechen von Wort und Idee. Um diesen Bruch und also die Kritik zu vermeiden, läßt Jabès (LSLS 289ff) dem ersten Menschen von der ersten Frau gerade nicht eine Erkenntnisfrucht reichen, sondern, viel schlichter, ein *Wort*; das Wort muß nicht verstanden, es muß als Wortding wahrgenommen werden.

Das Wort, das Eva vom Baum liest, ist demzufolge nicht die Frucht, die . . . Inhalt und Form . . . als Idee Erkenntnis stiften soll, es ist der *Name* des Apfels, der Apfel als Wort, der zur Lesefrucht wird, zur Leselust verführt.

Der Apfel, den Eva dem Menschen reicht, verbindet sich . . . in seiner französischen Lautgestalt als *pomme* . . . paronomastisch mit dem Gedicht, *poème*; im Apfel ist das Gedicht gewissermaßen schon enthalten, er bringt es aus seinem Klangleib hervor, so wie wiederum das Gedicht genau das sagt, «was das Wort kann und liebt»: *poème . . . peut . . . aime . . .*

Nicht Bedeutungsähnlichkeit, vielmehr Klangähnlichkeit begründet zwischen den Wörtern *Verwandtschaft*.

«Das Wort sucht das Wort heim.» Das Wort wird heimgesucht von den Wörtern, die es in sich trägt; die Wörter, die das Wort in sich trägt, sind sein Gedächtnis und sind seine Zukunft.

Wo der Apfel, statt bloß Erkenntnis zu vermitteln, sich als Gedicht zu essen . . . zu lesen gibt, braucht es nicht zum Sündenfall zu kommen, braucht es auch keine Kritik; der Sinn, im Unterschied zur Bedeutung, ist nie vorab gegeben, der Apfel . . . das Gedicht enthält ihn in der Möglichkeitsform, er muß, immer wieder neu, *verwirklicht* werden. Mag sein, daß der Weg zu solcher Verwirklichung vom Apfel zurückführt zur Blüte.

.

Bibliothek. – Man kann sich ... ich kann mir Edmond Jabès ebensogut in der Bibliothek des Jüdischen Theologischen Seminars in New York vorstellen wie in der Wüste. An den Wänden, vom Boden bis zur Decke, Bücher, in den Schränken Manuskripte, Rollen, Folianten, in einer Vitrine Textfragmente von Maimonides, dazu, von dessen Hand, ein Brief mit Signatur.

Jabès stützt sich auf den Vitrinenrand, hält seinen Kopf so tief über die Papiere gesenkt, daß das Glas sich mit seinem Atem beschlägt; er richtet sich auf.

Der Bibliothekar, ein Rabbiner und Philosoph, steht dicht hinter ihm, flüstert ihm über die Schulter ins Ohr. «Ja. Das sind unsre wahren Wurzeln.» Und dabei zeigt er auf dieses, auf jenes Büchergestell. Jabès, lächelnd: «Gewiß. Aber unsre Aufgabe ist's, daraus einen Baum entstehen zu lassen. Indem wir ihn schreiben.»

·

Fortschritt. – Schritt wohin. Zurück zum Beginn. «Am Beginn ist die Zukunft.» (P 28)

Schreiten, schreiben heißt, für Jabès, das Buch einkreisen, in immer engeren Kreisen es zurückführen auf sich selbst.

Auch eine Art, es zu befragen.

Und dieses Buch kann, wie ein Leben, stets nur das Selbe sein, «identisch, aber anders»; es schreitet, indem es sich schreibt, allmählich voran, so wie das Alter voranschreitet, doch sein Fortschritt ist Rückzug, die Kreise werden enger, verdichten sich zum Punkt. Schlußpunkt.

Und erneut ein Fragezeichen, erneut ein Beginn. «Dieser Punkt – letzte Spur – ist vielleicht auch der Ort, ein umschriebener Moment des ewigen Wiederbeginns des Buchs.» (RL 26) Ein Ziel ohne Weg.

·

Buchmensch. – Wenn Andrej Belyj von «Lautmenschen», Gennadij Ajgi von «Wortmenschen» reden kann, so liegt diesen hybriden Begriffsbildungen eine Vorstellung zugrund, die auch für Edmond Jabès prägend geworden ist; die Vorstellung, wonach nicht der Mensch die Sprache, sondern die Sprache, in Wort und Laut, den Menschen hervorgebracht hat und hervorbringt.

Der Mensch, als das angeblich sprachmächtige Wesen, steht ganz in der Macht der Sprache, ist deren Inkarnation im Sinn des Fleisch gewordnen Worts.

Je suis le livre, heißt es zweideutig an einer Stelle bei Jabès (II 108) . . . «ich folge dem Buch»: «ich bin das Buch».

Durch den Menschen, und ausschließlich durch ihn, spricht die Sprache sich aus; sie tut dies, buchstäblich, im Namen Gottes, der identisch ist mit Gottes Schweigen, das seinerseits alle Sprachen und alles Sprachliche als eine mögliche, eine zu realisierende Welt in sich schließt.

Realisiert wird diese mögliche Welt auf immer neue, niemals abschließ-bare Weise eben dadurch, daß Sprache durch den Menschen sich verlauten läßt und daß der Mensch . . . daß jeder Mensch, durch diese Kundgabe, für Gott als seinesgleichen erkennbar wird und als nunmehr lebendiges Wort in dessen Namen eingeht, real an ihm, der «*das Fehlen* des Buchstabens» ist (PT 240), teilhat.

Er sei, betont Jabès (P 54), weder ein jüdischer Autor, noch ein schreibender Jude; er sei Autor *und* Jude, Jude *als* Autor, denn Autor wie Jude «sind das Buch».

Der Jude, der Autor als «Buchmensch»; der Schriftsteller wäre also «nichts als Schrift», lebte nur im Text und nur solang, als dieser Text . . . er als Text . . . gelesen wird.

Niemals wird der Autor sagen können, er habe das Sagen, er halte sein Wort, oder gar . . . «was ich *gesagt* habe, habe *ich* gesagt»; er kann, wie

Jabès (P 38), lediglich bestätigen: «Ich bin dieses Wort gewesen.»
So wird denn der «Buchmensch» zwiefach ein Fremder; nämlich «als
Autor eines Buchs, das er nicht geschrieben hat, und als Leser eines
Buchs, das ihn schreibt» (Et 111).

Ein irrendes, bisweilen auch ein irres Wort, das in der weißen Wüste
des großen leeren Buchs, mithin in sich selbst nach seinem Autor, seiner Bestimmung sucht (LSLS 289): «Der Dichter ist sein Gedicht. Er
verkörpert das der Sprache überlassne Abenteuer. Er ist, in der unge-
heuren Muschelschale des Alls, der absurde und stets erneuerte
Versuch der Muschel, das Unendliche in eine Perle zu verwandeln.»

.

Im Anfang war, sofern man Jabès folgen mag (LSLS 289; 302), der
Mensch als Wort; um sich zu kennen, «buchstabierte er die vier
Lettern, die ihm Gestalt verliehn, und so hörte er zum erstenmal seinen Namen: Adam». Der Mensch, der als Wort im Anfang war, war
also nichts anderes als der Name des Menschen. «Das Wort», präzisiert Jabès, «*ist* der Mensch, sein Gedächtnis und sein Werden.»

.

Ich. – Bei einem Autor, der, wie Jabès, die Autorität der Autorschaft
der Sprache überläßt und dessen Schreibbewegung also nicht so sehr
durch seinen Willen als vielmehr durch die lautliche und rhythmische
Eigendynamik der Wörter mobilisiert wird, bleibt die Werkentste-
hung vom sogenannten schöpferischen Ich weitgehend abgekoppelt.
«Ohne es zu wissen», meint Jabès (A 12), «ist der Schriftsteller der aus-
erwählte Redakteur des Gesetzes.». Das heißt . . . jeder, der schreibt,
schreibt mit an einem unendlichen Text, über den er keinerlei auktoriale Gewalt hat, den er lediglich, um ihn lesbar zu machen, nach-
schreibt . . . *redigiert.*

Denn als «Auserwählter» *(élu)* ist der Schriftsteller, wie der Jude, immer auch der «Ausgeschlossene» *(exclu)*, und somit wird für ihn das Buch . . . das Gesetz notwendigerweise zum *Exil* (SD 85; Et, 86f); das gelobte Land *(terre)* verlangt vom Exilierten, daß er umherirrt *(erre)*.

.

Von daher erklärt sich wohl auch Jabès' Vorliebe (EL 14f) für die volksetymologische Verbindung des Namens *(nom)* mit dem Nomadentum *(nomadisme)* sowie, allgemein, für das lettristische oder assonantische «Ich-Spiel» *(jeu du je)*, das eben dort möglich wird, wo das auktoriale Ich vom transitiven Schreiben abkommt (SCS 79), um sich *mitgerissen von den Wörtern*, schreiben zu lassen und als bewegliche Buchstabenkonstellation in den Text einzugehn (Y 19): «Ich ist das Buch.»

«*Der Andere* kennt deinen Namen», schreibt Jabès (Y 110): «Er kann dich rufen *(appeler)*. Er kann dich buchstabieren *(épeler)*. Für ihn verkörperst du einen jeden deiner Buchstaben . . .». In solchem Verständnis ist der Name *(nom)*, wie seine rückläufige Lesart *(mon)* es bestätigt, immer der meine, doch *hat* ihn Ich nicht nur, Ich *ist* der Name; seltsames Ich . . . *étrange-je* (Et 47; 51f; 87), «mein» Name ist stets auch der Name des Fremden *(l'étranger)*. «Wenn 'Ich' wahrhaftig 'Ich' ist, könnte seine Verwendung nur von einem Fremden eingefordert werden.» Und auch umgekehrt gilt (P 16), daß der Autor *(auteur)*, wenn er «ich» sagt, ein Fremder wird . . . ein Anderer *(autre)*.

Das Französische sorgt im übrigen dafür, daß Edmond Jabès' Name, zu dem die Initialen *E.J.* das Kürzel bilden, rückwärts zu lesen ist als «ich» *(je)*, so daß hier, auf wiederum seltsame Weise, Nomen und Pronomen ineinsfallen (SD 127; LS, 23): «Göttlich oder menschlich, 'Ich', sagte er, ist der Schauplatz sämtlicher Subversionen.»

.

Der Name ist ein vorgegebener Text . . . man heißt nicht, man wird geheißen; so wie man, als Schriftsteller, nicht schreibt, sondern geschrieben wird. Und was sich schreibt, wenn geschrieben wird, ist stets der Gottesname. «Der Schriftmensch (*homme d'écriture*, A 60) ist der Mensch der vier Buchstaben, welche den unaussprechlichen *Namen* bilden. *Gott* ist abwesend durch Seinen Namen.»

Kraft seiner Abwesenheit und seines Schweigens ist Gott ein *Absolutum*, sein Name ist *das* Absolutum, dem gegenüber unsre Namen, unsre Texte relativ und endlich bleiben müssen; wir heißen und wir schreiben, um das Nichts *(rien)*, das Gott ist, zu verneinen *(nier)* . . . so will es, auch gegen unsern Willen, die Sprache (P 102). «Das Wort sucht das Wort heim. Es ist gefangen von den Buchstaben, die es formen . . .» (LSLS 291) – Die Sprache will, aber sie kann's nur im Französischen wollen, daß Gott *(dieu)* das Leben *(vie)* der Leere *(vide)* wie auch der Augen *(vie d'yeux)* ist; daß sein Ort *(lieu)* die Himmel *(cieux)* sind; daß Gott zwischen zweien *(deux)* als Leere spricht *(dis* [à] *eux)* und ihnen auferlegt, die Trauer *(deuil)* zu sagen, deren Auge *(œil)* . . . oder Sonne *(soleil)* . . . der Tod ist (El 84).

Aus *einem* Wort kann, durch stetige Umstellung seines Letternbestands und durch dessen assonantische Ergänzung, immer noch ein Wort hervorgehn, und auf solche Weise die Sprache sich ausleben zu lassen, heißt für Jabès *schreiben* (SD 86); schreiben hieße also auch, «die Wörter abzuwarten, die unsre Gedanken wecken werden, indem sie uns schreiben» (Et 126). Was könnte *ich* da noch bedeuten . . .

Der Autor schafft nicht das Werk; seine Kunst besteht lediglich darin, «daß er die Wörter ganz allmählich dazu bringt, sich für seine Bücher zu interessieren» (LSLS 174; 193; 315). Die Wörter sind's, die den Autor *erwählen*, und als Erwählter wird der Autor dem Werk seinen Namen geben; was denn sonst.

Punkt. – Nichts; Gott; Alles; Eins; für Jabès ist dies alles eins, unendlich groß, unendlich klein, und also nicht zu fassen; zu fassen schon gar nicht begrifflich.

Nichts, Gott, Alles, Eins ... das sind hier keine philosophischen, keine theologischen Konzepte; es sind Wörter wie andre auch, Wörter aber, welche abgelöst sind von ihren konventionellen Bedeutungsgeschichten, Wörter, die gerade dadurch bedeutsam werden, daß sie nichts Bestimmtes zu bedeuten haben, daß sie vielmehr als beweg-liche Laut- oder Letterngebilde sich darbieten, daß sie, buchstäbliche Paradoxa, dastehn als unmittelbarer Ausdruck dessen, was sich nicht sagen läßt.

Aber Jabès läßt die Wörter diesseits ihrer gängigen Bedeutung für sich selbst sprechen, läßt sie sich selbst besprechen, sich selbst widersprechen, arrangiert sie so, daß in ihnen das Unaussprechliche zumindest ... als Frage ... anklingen kann.

.

Jabès hat darauf hingewiesen, daß im viereckigen Raster des hebräischen Schriftzeichens das Buch, als ein Ganzes, bereits vorgezeichnet sei; der Buchstabe wird in solchem Verständnis zur Chance, aber auch zur Bedingung des Buchs.

Zum Wesen des Buchstabens gehört seine Mobilität, die Fähigkeit, durch bloßen Positionswechsel innerhalb eines Worts neue Wörter zu generieren, neue unkonventionelle Bedeutungszusammenhänge herzustellen und damit auch immer wieder neue Sinnbildungen zu ermöglichen. Der Buchstabe bricht, indem er versetzt, ersetzt, verdoppelt oder ausgelassen wird, das Wort auf, er «läßt die Wörter in den Brechungen des Worts spielen», und so führt er den Autor wie den Leser «von einem Taumel zum andern, von einem Nichts zum andern»; die diskursive Schreibbewegung wird aufgegeben «zugunsten seiner wirkenden Verneinung». Er habe sich, heißt es bei Jabès im selben Kontext (SCS 71f), «selten um das 'Wie-sag-ich's?' gekümmert; dagegen immer um das 'Wie-verschweig-ich's?'»

.

Die offensichtliche Privilegierung des Buchstabens gegenüber Wort und Satz ist bei Jabès wohl darin begründet, daß der Buchstabe, im Unterschied zu Wort und Satz, nicht an bestimmte Bedeutungen gebunden ist; daß mit ihm jedoch, wie mit einem frei beweglichen Joker, die gängige Bedeutung von Wörtern und Sätzen unterlaufen, *ad absurdum* geführt, vielleicht gar in ihr Gegenteil verkehrt werden kann. Zu beobachten ist diese Jokerfunktion des einzelnen Buchstabens beziehungsweise Sprachlauts nicht nur in poetischen und sakralen Texten, sondern auch bei alltäglichen Fehlleistungen wie dem Sich-Versprechen, Sich-Verschreiben oder Sich-Vertippen. Mehrfach hat Jabès, unter dem Eindruck eigener leidhafter Schulerfahrungen, den Rigorismus der Orthographie beklagt, der eben jene Abweichungen von der Regelhaftigkeit des Schreibens verbietet, welche den Buchstaben aus seiner Fixierung löst und somit den Signifikanten ins Wanken bringt (LSLS 175). «Ich verstand damals nicht, daß ein Wort, welches ein bißchen anders, mit einem Buchstaben zu wenig oder zuviel, wiedergeben wurde, plötzlich nichts mehr wert sein sollte; daß mein Lehrer es sich erlauben konnte, ein solches Wort mit roter Tinte wutentbrannt in meinem Heft durchzustreichen und willkürlich sich das Recht herauszunehmen, mich dafür zu bestrafen, daß ich es angeblich erfunden hätte.» Der Schüler wird hier, zu seinen ungunsten, vom Lehrer überschätzt; denn nicht er hat ein neues, also «falsches» Wort erfunden, sondern die Sprache selbst, der er mit seinem zufälligen Schreibfehler zur Erfindung verhalf (SD 57): «Ich träumte, mit einem Impuls zur Brüderlichkeit, von einer neuen Sprache für eine Geheimgesellschaft. Ich fühlte mich unter meinen angefeindeten Vokabeln frei und gleichzeitig als Sklave ihrer Freiheit.»

.

Durch seine frühkindliche Spracherfahrung war Jabès' poetisches Denken womöglich noch stärker geprägt als durch die nachmaligen Leseerfahrungen mit talmudistischem und kabbalistischem Schrifttum; schon die «erste Trunkenheit vor der Sprache» (DL 136) hat ihm zur Einsicht verholfen, daß dort, wo die Initiative den Wörtern gehört, die Freiheit des sprechenden Subjekts eingeschränkt ist. Als Autor hat Jabès diese Beschränkung grundsätzlich akzeptiert; er weiß, daß das Sagen des Dichters nur Befragung der Sprache sein kann und daß solche Befragung seine einzige Antwort auf den Appell der Sprache ist. Diese Ambivalenz hält Jabès, kunstvoll, in einem schlichten Satz fest, der zugleich als Aussage- und als Fragesatz gelesen werden kann (LSLS 291): «Ich bin dem Wort auf wievielen Wegen gefolgt - - -»

Auf vielen Wegen führt das Wort den Dichter zu immer wieder neuen Fragen; diese Fragen sind alles, was er zu sagen hat, sie richten sich . . . sie richten ihn auf das unsichtbare «Buch, das *im* Buch ist», und also gelten sie dem verborgnen Text, auf den er antwortet, indem er ihn befragt.

Doch um den Text zu erschließen, muß der Dichter «ihn in jedem seiner Wörter zerstören», während gleichzeitig der Text auch ihn, den Dichter, zerstört, so daß schon «bald von ihm wie auch vom Buch nur zwei kleine Punkte übrigbleiben, der eine schwarz, der andre weiß, welche sogleich ineinander verschmelzen» (El 7ff).

Mit dieser kabbalistisch inspirierten Metaphernbildung bringt Jabès seine Poetik wortwörtlich auf den Punkt. Auf prägnante Weise wird hier veranschaulicht, was Jabès sich «auf wievielen Wegen» von der Sprache hat sagen lassen. Daß der Dichter das Buch ist. Daß er, als Buch, nicht nur gelesen, sondern auch geschrieben wird. Daß das Geschriebne, wie der Schreibende, *nichts* ist . . . nichts als *ein Punkt* . . . angesichts der Unendlichkeit Gottes und der Endlosigkeit seines Namens. Daß Dichtung ein nie zu vollendender Versuch ist, diesen

Namen nachzuschreiben, ihn lesbar zu machen in all seinen Bedeutungen, aber auch in seiner kosmischen Schrift- und Lautgestalt. Ein Projekt, das seine Schönheit, seinen poetischen Sinn gerade aus der Unmöglichkeit seiner Realisierung gewinnt; aus seiner offenbaren Absurdität.

•

In seinen vielen Büchern, die zu lesen sind als *ein* großes Buch und zugleich als Bruchstück des einen, unendlich viel größern *Buchs*, ist Edmond Jabès, sich durchfragend am Leitfaden der Sprache, unterwegs zu jenem letzten Wort, das vielleicht *im Anfang* war und das, verdichtet zum ausdehnungslosen Punkt, den niemals auffindbaren Ort markiert, der Gott heißt und wo alles nichts, das All ein Nichts ist.

•

Name. – Der Gottesname ist identisch mit dem *einen* Buch, will sagen mit der Gesamtheit aller *möglichen* Texte, und das wiederum heißt, der Name Gottes ist Gott; deshalb kann Gott niemals seinen Namen nennen, zu erkennen gibt er sich, tautologisch, durch den Satz: «Ich bin der ich bin.» Auch dieser Satz, der einzige, den die Bibel als Selbst-aussage Gottes überliefert, ist im Gottesnamen enthalten.

Prekäre Identität.

«Was bedeutet dies?» fragt sich Edmond Jabès; und sagt (DL 145): «Nun, es bedeutet ganz einfach, daß die Sprache uns der Identität beraubt, indem sie uns eine Identität bietet, die nichts anderes ist als ein Gefüge von Buchstaben, welche allein ihr angehören und die wir, weithin verstreut, wieder vorfinden können.» So müßten wir denn, um identisch zu werden mit dem, was wir bedeuten, uns einschreiben in den Namen Gottes, müßten teilhaben an ihm als ein Gefüge von

Lauten und Zeichen, die in uns sich verkörpern, so daß er sich von uns ein Bild machen kann. Schreiben hieße also auch . . . sich sammeln, die anonymen Buchstaben einsammeln, sie zurückrufen aus der Diaspora des Gottesnamens, sie durch immer wieder neue Kombination und Permutation entfalten zum Text. «In diesem Fall wäre unser Name also bloß der Widerschein einer Abwesenheit des Namens, den diese Abwesenheit selbst gebildet hätte. Deshalb unsre Abwesenheit in der Welt, für die unser Name einsteht; deshalb unsre Abwesenheit im abwesenden Wesen, dessen Namen wir ererbt habe.»

.

Sprache. – In wessen Namen denn sprechen wir also, wo wir doch selbst gesprochen werden. Wir sprechen, so könnte, schlicht, die Antwort lauten, im Namen der Sprache.

Was bei Jabès Gott heißt und . . . oder als Gottesname auf vielfältige Weise imaginiert wird, hat trotz quasisakraler Diktion und offensichtlicher Nähe zu jüdischen Gottesvorstellungen keinerlei religiöse Verbindlichkeit. Der Gott, den Jabès meint und von dem er annimmt, daß er in der Latenz seines Namens aufgehoben sei, ist ein atheistisches Konzept; dieser Gott ist niemand . . . ist nichts anderes als die Sprache selbst, die uns sprechen läßt, damit er . . . damit sie in unsrer Rede, in unserm Text sich erkennen kann.

Zu solcher Selbsterkenntnis verhilft Jabès der Sprache beispielsweise dadurch, daß er das Wort «Gott» . . . oder Gott als *Wort* in seinem Werk über viele Hunderte von Seiten hin paronomastisch oder anagrammatisch entfaltet, das heißt den französischen Begriff, *dieu*, allein aufgrund seines Letter- und Lautbestands . . . unter konsequenter Vernachlässigung seiner semantischen und etymologischen Dimen-sion . . . aus(einander)legt, um möglichst viele andre Wörter daraus abzuleiten, Wörter, die mit dem Grundbegriff klangliche oder buchstäbliche Übereinstimmung aufweisen oder dazu entsprechende Varianten bilden.

Er schreibe, schrieb einst Michel Leiris, was die Wörter ihm sagten. Wer aber ist's, der so schreibt; und was hat der, der schreibt, zu sagen. Für Jabès keine Frage; für ihn steht fest, daß die Autorität nicht beim Autor ist, sondern der Sprache gehört: *Die Wörter haben die Initiative* ... Die Sprache selbst ... hier die französische ... ermöglicht, indem sie klangähnliche Wörter bereithält, eine Gottesvorstellung *(dieu)*, in der «zwei» *(deux)* und «Abschied» *(adieu)*, «Augen» *(yeux)* und «Trauer» *(deuil)*, «Wunsch» *(désir)* und «Würfel» *(dé)* eine Wort- und Bildkonstellation ergeben, die nicht nur auf lautlicher, sondern auch auf metaphorischer Ebene als autopoetische Hervorbringung gelten kann und demnach tatsächlich auf die Eigeninitiative der Wörter zurückzuführen ist. Diese generiert im übrigen, ausgehend von *dieu/deuil* noch ein weiteres, ebenso heterogenes Wortfeld, zu dem etwa *lieu* («Ort»), *jeu/je* («Spiel»/«ich»), *feu* («Feuer») oder *feuille* («Blatt», als Schriftträger oder als Distrikt der Weiße), *seuil/seul* («Schwelle»/«allein»), *il/elle* («er»/«sie»), *El* (hebr. Gottesname), *aile/île* («Flügel»/«Insel»), *exil* («Exil») gehören.

Die Aktivität dessen, der schreibt, bleibt darauf beschränkt, *richtig zu lesen*, das heißt, in den Wörtern möglichst viele andere Wörter zu erkennen, diese Wörter aufeinander zu beziehen und solcherart Bedeutungszusammenhänge herzustellen, wie sie sonst, in diskursiver, begrifflich liierter Rede, kaum zustandekommen.

.

Die Tatsache, daß die von Jabès ausgiebig genutzte Eigeninitiative der Wörter in jeder Sprache wieder andre Ergebnisse zur Folge haben kann, im Englischen zum Beispiel die palindromatische Verbindung von *god* («Gott») mit *dog* («Hund») oder im Deutschen von *Gott* mit *Kot*, steht dazu nicht im Widerspruch, sondern ist umgekehrt eine Bestätigung für die unbegrenzte Reichweite des Gottesnamens, der sämtliche Einzelsprachen transzendiert und demnach zu verstehen wäre als die totale Homophonie und Tautologie zu allem, was sprachlich je realisiert wurde und je realisierbar sein könnte.

Es ist klar, daß am Gottesnamen auch das Wort «Gott», wie jedes andre Wort jeder andern Sprache, seinen Anteil hat. Was auch immer wir sagen, schreiben . . . wir buchstabieren stets den Namen Gottes; und mehr als das . . . indem wir solches tun, verkörpern wir uns, kraft der Sprache, in Gott, als Geschriebene, existieren wir.

Der Buchstabe sei das Sein, hat Jabès . . . unter der Verwendung des homophonen Wortlauts von *lettre* und *l'être* . . . einmal festgehalten (DL 19). Implizit wird damit der Gottesname mit der Gesamtheit der Texte, das Konzept Gott mit dem, was wirklich *ist* gleichgesetzt; so daß Gott, der Eine, in letzter Instanz alles andre wäre als er selbst, nämlich . . . «keiner», *nichts*.

Auch dafür hat Jabès im Buchstabenfundus des Französischen die adäquate sprachliche Formel gefunden, ein Palindrom; es lautet (El 63): L'UN . . . NUL.

Alle zitierten Textstellen wurden vom Verfasser des vorliegenden Essays ins Deutsche gebracht.

Jacques Derrida

«Vom anderen Ende der Welt ...»

29. Februar / 1. März 1992

Lieber Didier Cahen,

vom anderen Ende der Welt aus, wo ich am 16. April* sein werde, will ich mich von ganzen Herzen der Ehrung des großen Edmond Jabès anschließen. Ich wäre dabei gewesen, werde also im Geiste dabei sein und ich bin glücklich, daß diese Würdigung am Collège stattfindet: Kein anderer Ort scheint mir so geeignet, so stimmig, könnte besser gewählt oder mehr dazu aufgerufen, dazu bestimmt sein. Von Anfang an wollten wir, daß dieser Ort offen und fruchtbar sein sollte für das poetische Denken, in dessen Zeichen Sie diese Gedenkfeier stellen.

Nun, da Edmond Jabès, da er unter diesem Namen achtzig Jahre alt würde (und ich erinnere mich, wie er mir eines Tages anvertraute, daß bezüglich seines Geburtsdatums und der Eintragung in das Geburtsregister gewisse Unklarheiten bestünden, als ob ein oder zwei Tage Unterschied die Geburt ebenso unfaßbar, undenkbar machten wie der Tod selbst), denke ich voll tiefer Freude aber auch mit Melancholie an unsere erste Begegnung vor dreißig Jahren zurück. Ich hatte gerade wie zufällig bei einem Zeitungshändler in irgendeinem Vorort *Das Buch der Fragen* entdeckt und ich spürte, daß darin von unvordenk-

* Am 16. April 1992 fand am Collège Internationale de Philosophie, Paris, anläßlich des 80. Geburtstages von Edmond Jabès eine von Didier Cahen organisierte Würdigung statt.

lichen, und daher so selten erkundeten, so unfaßbaren Orten aus eine Stimme erklang, von der ich irgendwie ahnte, daß sie uns nicht mehr verlassen würde, auch wenn er selbst, Edmond Jabès, den ich damals noch nicht kannte, von dem ich noch nichts wußte, nicht einmal, ob er am Leben war oder wo er lebte, eines Tages verstummen müßte und uns mit seinen Büchern allein ließe. Ich habe schon damals, bei dieser ersten Begegnung mit seinen Büchern, die Erfahrung einer Art Fülle des Schweigens gespürt, die Abwesenheit, die Wüste, Wege, die sich abseits der Straßen auftun, das deportierte Gedächtnis, Sie wissen ja, die Trauer, all die unmögliche Trauer.

Die Freundschaft hatte sich also zunächst wie in einem Spiegel zu erkennen gegeben: in der Trauer, im Auge des Gedichts, vor der Freundschaft selbst. Ich meine vor der Freundschaft, die uns später verband und die uns als Nachbarn mal in der Rue de l'Epée de Bois, mal in der Rue d'Ulm mit Celan oder mit Gabriel Bounoure (auch er eine große Freundschaft, die ich Edmond Jabès verdanke) zusammenführte.

Wenn die Freundschaft vor der Freundschaft beginnt, dann rührt sie an den Tod, wie könnte es anders sein; sie erwächst aus der Trauer, aber sie ist auch doppelt bejaht, doppelt besiegelt; es ist ein Wiedererkennen, das dem Kennenlernen vorausgeht und, wie ich glaube, bestimmt ist, zu überdauern. – Es ist von Anfang an da: in allen *Büchern der Fragen*, da sind die, die ihren Namen tragen und die, die ihren Namen verschweigen, über die Bücher und deren Titel hinaus – über die blinden Worte hinaus. Edmond Jabès wußte, daß die Bücher keinem mehr gehören, ebensowenig wie die Fragen, ganz zu schweigen von den Antworten.

Wenn ich mir wünsche dabeizusein, ja wenn es mir so leicht fällt, mich Ihnen an diesem 16. April von der Pazifikküste aus nahe zu fühlen, so nicht nur, weil die Leser, Bewunderer und Freunde von

Edmond Jabès an diesem Ort, der mir teuer ist und bleibt, zusammenkommen, sondern auch weil ich mir keine wahreren Zeugen für dieses unsichtbare Einverständnis, für diese Begegnung von Denken und Gedicht, vorstellen kann als die Freunde, die anderen Freunde (ich denke etwa an Michel Deguy) und all die, an die ich mich mit diesem Brief wenden darf . . .

Aus dem Französischen von Gisela Febel

Marcel Cohen

Zu Sarah und Yukel

Bei Edmond Jabès von Literatur zu sprechen, ist nahezu in jeder Hinsicht ein Widerspruch in sich. Dies hat seinen Grund nicht allein in der Form des Werkes, die sich jeder Klassifizierung widersetzt. Selbst wenn man den Begriff Literatur in seinem weitesten Sinne auffaßt, so hat ihn Edmond Jabès meines Wissens niemals für sein Werk in Anspruch genommen. Er hat sogar ganz offen und ohne dabei einen gewissen Unwillen zu verbergen das Gefühl geäußert, nicht zur Literatur zu gehören (DL 154).

Der Begriff würde ihn tatsächlich verraten, sofern man unter Literatur eine unendliche Reihe von Werken versteht, die einen bedeutenden, wenn nicht gar wesentlichen Teil ihres Sinnes aus der Art und Weise beziehen, auf die sie sich gegen vorhergehende Werke auflehnen oder, im Gegenteil, zu ihrer Herkunft bekennen.

Edmond Jabès lehnt sich nicht auf und läßt spätestens seit dem *Buch der Fragen* keinerlei Zeichen einer direkten Abkunft erkennen. Wenn man im Zusammenhang mit Edmond Jabès von Literatur spricht, kann man nur festhalten, daß er in ihr keinen Platz beansprucht und sein Werk in der Tat wie ein völlig fremdartiges Gebilde erscheint. Nichts kann es daher von Außen wirklich erhellen, auch wenn T.S. Eliot schreiben konnte:

> «Kein Dichter, überhaupt kein Künstler ist in seiner vollen Bedeutung für sich allein zu erfassen. Seine Bedeutung, die Würdigung seines Wesens, setzt die Erfassung seines Verhältnisses zu den früheren Dichtern und Künstlern voraus.»[1]

Edmond Jabès strebt nicht im entferntesten nach jener Art von Text, der als Umsetzung einer Theorie verstanden werden will oder als

Ergebnis einer Schreibweise, die vom Ehrgeiz der Schriftsteller getragen wurde, ein neues Stück Realität ans Tageslicht zu bringen. Vielmehr scheint er einen umgekehrten Weg zu gehen, versucht er doch in ein Diesseits der Literatur zurückzukehren bis zu dem Punkt, an dem die Idee noch im Rohzustand befangen ist, wo das Buch sich nicht damit benügt, sich der Patenschaft und der Verwandtschaft zu entziehen, sondern darüber hinaus den Text «vor dem Unglück des Buches bewahren» will, wie Emmanuel Lévinas es formuliert hat.[2] Edmond Jabès selbst hat sich zu dieser Art von Vor-Zustand geäußert, den er im Inneren seiner Bücher zu wahren sucht (DL 69).

Es bleibt die Frage, warum die Literatur Edmond Jabès so fremd ist. Im übrigen wäre es wohl besser, von Unmöglichkeit anstatt von Fremdheit zu sprechen: eine Unmöglichkeit, die er, schon als er das *Buch der Fragen* zu schreiben beginnt, eindringlich empfunden zu haben scheint.

Es fehlt ja keineswegs die Auseinandersetzung mit der traditionellen Erzählweise, die die Gegebenheiten einer Erfahrung aufnehmen und ihnen einen Sinn zuweisen könnte. Dies zeigt sich bereits auf den ersten Seiten des *Buchs der Fragen* in den Figuren von Sarah und Yukel, die wir im *Buch von Yukel* wiederfinden, bevor sich ihre Spur in *Die Rückkehr zum Buch* schließlich verliert.

Was wissen wir von diesen beiden Figuren? Daß Sarah mit 14 Jahren Lehrerin werden wollte, daß sie ein vergilbtes Photo ihrer Großeltern besaß, daß ihr Vater, Salomon Schwall, von der Insel Korfu stammte, sich in Portugal mit Leonie, einer Rabbinertochter, verheiratete, bevor er im Süden Frankreichs Antiquar wurde. Wir wissen sogar ganz genau, was er in diesem Laden, dessen Schild «Mille Articles» anpreist, verkaufte.

Yukel erscheint unendlich rätselhafter, doch er führt, wie Sarah, ein Tagebuch, ein Hinweis darauf, daß er durch und durch als eine Person der Fiktion gestaltet werden sollte. Davon zeugt auch sein Selbstmord, eine Parallele zum Wahnsinn Sarahs, die in einer Anstalt zwölf Jahre nach ihrer Einweisung stirbt.

Es handelt sich folglich nicht um einen gewollten Verzicht auf das Erzählen: es ist das Material der Erzählung selbst, das plötzlich bröckelt. Es besteht wohl der Wunsch zu erzählen, das Verlangen nach der Literatur, und zugleich erschöpft sich schon mit den ersten Seiten des *Buchs der Fragen* die Erzählung, wird die Fiktion ausgelöscht, ein seltener und ohne Zweifel einzigartiger Augenblick, in dem die Literatur vor den Augen der Leser sich selbst flieht und das Wesentliche ihrer Substanz verliert, ohne daß die geringste theoretisch begründete Absicht bestanden hätte, ihr ein Ende zu bereiten.

Was sagt denn Edmond Jabès in dem Augenblick, da er seinen Figuren Gestalt und den Schein von Realität zu geben versucht? Über Yukel schreibt er:

> «Du bist eine Gestalt, die sich im Nebel verlagert (. . .), du bist das erloschene Wort inmitten der Täuschungen von Erzähltem.» (LQ 35, dt. 34)

Und Sarahs Tagebuch entnehmen wir:

> «Du bist da; aber dieser Raum ist so riesig, daß Nahbei-einandersein schon solche Ferne bedeutet: Es wird uns nicht gelingen, einander zu sehen noch zu hören.» (LQ 151, dt. 189)

Man könnte eine ganze Reihe anderer Beispiele anführen, so etwa Sarahs Eltern: wir folgen einer langen Aufzählung biographischer Einzelheiten, rhythmisiert durch ein einschneidendes «Er wurde geboren in . . . Er starb in . . .» (LQ 185, dt. 209), die damit endet, daß wir von ihrem Tod in der Gaskammer erfahren. Die Aufzählung hat kein anderes Ziel als die Bedeutungslosigkeit der hervorgehobenen Einzelheiten zu zeigen, Bedeutungslosigkeit im wörtlichen Sinn. Es ist klar, daß wir keine größere Kohärenz erhalten werden, wenn wir diese Einzelheiten näher befragen: es handelt sich keineswegs um die verstreuten Teile eines Puzzles, die es nur zusammenzufügen gilt, sondern um die Bruchstücke einer Vernichtung. Um die negative

Wirkung, die von dieser leeren Spur ausgeht, zu verstärken, ist diese Passage kursiv gedruckt und in Klammern gesetzt.

Wenn wir diese Einzelheiten genauer betrachten, entdecken wir, daß wir mehr darüber erfahren, was Salomon Schwall in seinem Antiquitätenladen verkauft hat, als über ihn selbst. Und mehr über Salomon Schwall als über seine Tochter Sarah, die doch die Hauptfigur der Erzählung ist.

Was bleibt uns von Sarah, von Yukel und Sarahs Eltern vor allem im Gedächtnis, wenn wir im *Buch der Fragen* weiterlesen? Daß die Eltern durch die Deportation ums Leben gekommen sind, daß Sarah wahnsinnig geworden ist und bis zu ihrem Tode in einer Anstalt bleiben mußte, daß Yukel sich selbst getötet hat. Das sind die einzigen wirklich unumgänglichen biographischen Daten, und sie sind in der Gesamtökonomie der Erzählung die einzigen, die für unser Verständnis unverzichtbar sind. Man kann wohl sagen, daß es auch die einzigen Elemente sind, die diesen vier Personen und dem, was sie zu uns sagen, einen unmittelbaren und unbestreitbaren Sinn geben, letztlich die einzigen, die deren Präsenz in diesen Werken rechtfertigen.

Es ist schon seltsam, feststellen zu müssen, daß in der Logik einer Erzählung der Tod der Personen weit größere Bedeutung besitzt als ihre Lebensumstände. Denken wir beispielsweise an die außerordentliche Freiheit Tolstojs, der sich so wenig um das Ende seiner Personen sorgte, daß er das Kartenspiel über ihr Los entscheiden ließ.[3] Wird im übrigen nicht jede Erzählung von dem blinden Glauben daran getragen, daß das Schicksal nicht unausweichlich ist, solange der Held einen Schein von Freiheit bewahrt? Und fehlt jener Schein, sein Kampf doch zumindest einen Sinn behält, die Stationen seines Kampfes doch auf alle Fälle einen exemplarischen Wert besitzen? Versucht die Literatur nicht, uns gerade von der Richtigkeit dessen zu überzeugen, was François Mauriac als Grundsatz bei Novalis hervorhebt, der Charakter nämlich sei die Bestimmung?[4]

Edmond Jabès ist sich dessen vollkommen bewußt, denn er sagt im Zusammenhang mit Sarah und Yukel:

> «Ihre reale Biographie ist von der Gewalt des historischen
> Dramas so weitgehend zerstört worden, daß sie sich in ihr
> überhaupt nicht mehr widerspiegeln kann.»
> (DL 75, dt. BB 30)

Wir verstehen nun seine Vorbehalte besser, ein kohärentes Porträt von Sarah zu entwerfen, denn dieses Porträt hätte keinen Gegenstand mehr. Aber wir müssen uns auch fragen, was von der Idee der Literatur selbst bleiben kann, wenn in einer Biographie jeder psychologische Zug, jede innere Motivation obsolet geworden sind. Schon lange kehren die Helden nicht mehr nach Ithaka zurück, und übrigens flieht Odysseus, kaum daß er angekommen ist – aber was wäre Odysseus ohne den auch noch so geringen Bezug zu Ithaka? Gewiß, die Literatur besteht nach wie vor darin, unaufhörlich zu sprechen, selbst wenn ihre Formen zu Bruch gegangen sind. Man könnte sogar sagen, daß ihr einziger Gegenstand der Versuch ist, neue Wege zu eröffnen.

So gesehen bewegt sich das *Buch der Fragen* immer noch in der Literatur. Es ist im übrigen nicht von wesentlicher Bedeutung, sich über eine Definition dieses Begriffes zu verständigen. Einzig von Bedeutung ist, daß vor unseren Augen eine ganz und gar klassische Konzeption des Erzählens aufgegeben wird, ein Erzählen, das unfähig ist, den Realitäten gerecht zu werden. Wenn Charles Mauron in der Kunst eine Art biologischen Zweck ausmacht, der darin bestünde, um uns herum «die Beweise einer synthetisierenden Kraft» auszustreuen, «(. . .) die seit jeher das Leben vor der Aggressivität und der Kälte der Welt, vor der Einsamkeit und der Zersplitterung zu bewahren vermag»,[5] bemerken wir wohl, daß diese Aussage in mancher Hinsicht noch auf Edmond Jabès zutrifft, doch stellt sie für ihn eine Herausforderung ganz besonderer Art dar: Edmond Jabès glaubt nicht mehr an die Kraft der Kunst, Synthesen bilden zu können, und dies zeigt er uns in seinen Büchern ganz bewußt, vor allem mit Sarah und Yukel. Wenn das *Buch der Fragen* daher innerhalb der Literatur bleibt, so verhält es sich in ihr nach dem Muster des Jägers Gracchus, der zwar durch einen Sturz von einem Felsen im Schwarzwald den Tod findet, aber dennoch am Leben bleibt.

Begnügen wir uns damit, die Kluft zu ermessen, die beispielsweise einen Julien Sorel oder eine Emma Bovary von einer Sarah Schwall trennt. Die einen werden von einer Welt vernichtet, in der sie keinen Platz mehr haben, in der jedoch zumindest die innere Motivation der beiden, und diese allein, ihr Schicksal herbeiführt. Bei Sarah Schwall muß jegliches psychologische Merkmal seine Aussagekraft verlieren, da ihm im Blick auf ihr Schicksal nur rein anekdotische Bedeutung zukommen kann.

Milan Kundera lotet die ganze Weite dieser Kluft am Beispiel von Proust und Kafka aus. Er fragt sich, worin sich das Schicksal von K. unterschieden haben würde, wenn dieser beispielsweise von homosexuellen Neigungen oder einem Ödipuskomplex bestimmt worden wäre, da diese das Schicksal der Proustschen Helden vollständig verändern:

> «Während Proust voll Erstaunen festhält, wie schwindelerregend das innere Universum des Menschen ist, stellt sich Kafka eine vollkommen andere Frage: Welche Möglichkeiten bleiben dem Menschen noch in einer Welt, in der die äußeren Bestimmungen so erdrückend geworden sind, daß die inneren Beweggründe kein Gewicht mehr haben?»[6]

Kafka entdeckt die unglaubliche Last, die das Individuum zu zermalmen beginnt. In den Gesprächen mit Janouch entrüstet er sich darüber, daß man sich für die Aufführung einer Truppe von Revue-Girls begeistern könne, die sich auf einer Bühne zur Schau stellten.[7] Er sieht in dieser Art Bühnenvorstellung ein Symbol für die irreversible Auflösung des Individuums: die Tänzerinnen, alle gleich, in demselben Kostüm, die im gleichen Augenblick dieselben Bewegungen machen, und selbst der Beifall gilt nie einer einzelnen.

Wenn man sich an die Tatsachen hält, müssen uns die Intuitionen Kafkas, der schon vor dem Ersten Weltkrieg spürt, wie die Welt ins

Wanken gerät, sehr gegenwärtig und doch bereits überholt erscheinen. Maurice Blanchot sieht im Holocaust «das absolute Ereignis der Geschichte», ein Ereignis, mit dem die «ganze Geschichte in Flammen aufgeht», in dem «die Bewegung des Sinnes in sich selbst zusammengebrochen ist.»[8] Edmond Jabès ist sich seiner Zeit viel zu sehr bewußt – und er hat oft genug wiederholt, daß sein Werk zuallererst autobiographisch sei –, als daß er nicht mit ganzer Kraft gegen alle Grenzen anzugehen versuchte, in erster Linie gegen das Ausbluten des Sinnes, das die Biographie blutleer zurückläßt. So heißt es im *Buch von Yukel*:

> «Wer sind deine Gestalten? Es sind selbstverständlich Sarah und Yukel, aber es ist auch der Erzähler, der sich den Namen deines Helden angeeignet hat.
> Warum?»

Die Antwort lautet:

> «Gleicht nicht ein Stein dem anderen, sind nicht alle Sterne wunderbare Gestirne?» (LY 138)

Daß tatsächlich allein das Wort Jude nicht nur das einzelne Schicksal bezeichnen, sondern das aller umfassen konnte, eines Berliner Intellektuellen und einer Bäuerin aus Zentraleuropa, eines litauischen Talmudisten und einer Pariserin, die sich bei den großen Modeschöpfern einkleidet, eines Alten wie eines Kindes, das stellt einen Verlust an Identität dar, von dem sich auch die Überlebenden nicht mehr erholen konnten. Selbst wenn diese weder das Schicksal von Sarah noch das von Yukel erfahren haben, und selbst wenn man annimmt, daß sie mit aller Unbeschwertheit an ihre eigene Freiheit glauben, so wiegt ihre Biographie doch kaum noch diese Anonymität auf: was auch immer ihre Lebensumstände sein mögen, es ist ihr Sein als Überlebende, das sie zeichnet. Im Hinblick auf dieses Zeichen bleibt die Biographie eine Täuschung oder eine Lüge: Überlebender zu sein bedeutet, sich dessen allzu bewußt zu sein, als daß man noch in aller Unschuld leben könnte, als daß man sich damit zufrieden geben könnte, nur die Gesten des Lebens zu vollziehen.

In dieser Erkenntnis schrieb Gabriel Bounoure 1965 über *Die Rückkehr zum Buch*:

> «Der jüdische Schriftsteller von heute kann nicht mehr in jenem Schreiben verharren, in dem sich einst das unmittelbare Leben spiegelte, – denn die Liebe, der Tod, das Grauen der Geschichte, das gewaltige Hereinbrechen des Unbestimmten: all diese Erfahrungen haben das unmittelbare Leben in ihm eingeholt, ja aufgehoben.»[9]

Ich glaube, daß die geographische Distanz von Edmond Jabès zur europäischen Katastrophe das Gefühl dieser Unmöglichkeit nur verstärken konnte – statt ihn davor zu bewahren. Bruno Bettelheim schrieb, daß die Narben des Holocaust weder in der zweiten noch in der dritten Generation verblassen, daß sie, im Gegenteil, oft um so sichtbarer werden, je weiter man sich vom realen Ereignis entfernt.[10] Es geht dann nicht einmal mehr darum, es in Worte fassen zu wollen. Und wie soll man über das hinwegkommen, was nicht gesagt werden kann?

Als die europäischen Überlebenden davon Zeugnis ablegen konnten und dies als ihre unumgängliche Pflicht empfanden (selbst wenn sie das Gefühl hatten und es immer mehr haben, daß sie nicht verstanden werden können), konnte Edmond Jabès kein Zeugnis davon ablegen, aber er konnte auch nicht schweigen. Während die einen zwangsläufig versuchen mußten, ihre Erfahrung in Sprache zu fassen, spürte Edmond Jabès die Möglichkeiten der Sprache schwinden:

> «Die Vokabeln haben die Vokabeln ausgeweidet.» (LY 85)

Und an anderer Stelle schreibt er:

> «– ... ich glaubte einmal, meinen Ort in meinen Worten zu finden, dann ...
> (...)

... wie soll ich es Ihnen erklären? Plötzlich haben sich die
Worte in ihrer Andersartigkeit gezeigt.
(...)
... als ob ich mich plötzlich in jenem Raum, den ihre
Andersartigkeit unbesetzt ließ, nurmehr durch das
Schweigen ausdrückte.

– Welche Andersartigkeit?

– ... etwas, das den Menschen mit seinem Wort grundsätzlich unvereinbar macht und eine Distanz zwischen
ihnen schafft.» (El 41)

Wenn man sich auf die reine Ökonomie der Erzählung beschränkt,
versteht man, warum, infolge eines solchen Bewußtseins und nach
dem gescheiterten Romanversuch, den die Geschichte von Sarah und
Yukel in mancher Hinsicht darzustellen scheint, die im *Buch der Fragen*
auftretenden Figuren immer lückenhafter werden, immer ungreifba-
rer, ja sogar im höchsten Grad unwahrscheinlich. Sie sind reine
Symbole geworden. Yaël zum Beispiel erhält zwar durch die
Beschreibung konkrete Gestalt und taucht in zahlreichen Szenen auf,
aber es gibt nun keinerlei biographischen Zusammenhang mehr.
Auch wenn wir sehr aufmerksam lesen, finden wir nur einen einzigen
Hinweis, der ihre Identität näher bestimmt: Sie war fünfundzwanzig
Jahre alt (Y 112).

Ihr Sohn Elya ist ein totgeborenes Kind. Daher wird er als reine
Möglichkeit beschrieben, wenngleich er auch als Symbol eine Reihe
von Details benötigt, um Gestalt zu gewinnen. So sollen wir ihn uns
etwa vorstellen, wie er seinen zehnten Geburtstag feiert: braunes Haar
und blaue Augen, in einer grauen Jacke, mit einer in Spanien gekauf-
ten Krawatte aus Damleder und in langen Hosen (E 98).

Es liegt nahe, bei diesen spärlichen Hinweisen an Christian
Boltanski zu denken, der an eine Frau aus Bois-Colombes erinnern
wollte und uns doch nichts anderes zeigen konnte als die Anonymität
ihrer ärmlichen Kleidung, ihrer Lockenwickler, ihrer Wäsche-
klammern, eines Gemüsezerkleinerers ...[11] In «der tiefgefrorenen
Wildnis» unserer Konsumgesellschaft, wenn «das tanzt (...) im ewi-

gen Frühling der Amnesie»[12], um eine Formulierung Hans Magnus Enzensbergers aufzunehmen, ist dies wohl wirklich das Einzige, was vom Zusammenbruch übrigbleibt.

Das Erzählen verschwindet also, die Literatur hat mit dem Wegfall ihrer synthetisierenden Kraft einen unwiederbringlichen Verlust erlitten, und sie weiß, wenn sie sich ihrer selbst und ihrer Zeit bewußt ist, daß sie nichts als Phantome belebt, sofern sie den Schein einer Kohärenz, eines Sinnes, einer Bestimmung aufrechterhält: wie sollte gerade ein jüdischer Schriftsteller dies nicht als einen natürlichen Tod auffassen, den dunkle Mächte von langer Hand vorbereitet haben?

Wenn das Schicksal eines Menschen nicht mehr allein in seiner individuellen Biographie liegt, wenn er von seinem eigenen Wort abgeschnitten ist, dann bleibt tatsächlich nichts anderes mehr übrig als die Flut der Fragen, mit denen sich Edmond Jabès auseinandersetzt, sein Staunen angesichts der Welt, die Zersplitterung und die Aschen des Werkes.

> «Mit dir, Yaël, hat das Wort das Buch verlassen.
> [Das Buch] . . . kann nur im zerbrochenen Spiegel der Worte gelesen werden.» (E 33)

George Steiner hat gezeigt, wie begründet der Eindruck sei, daß die Sprache nicht mehr die Realität wiedergebe. Er verwies zum Beispiel darauf, daß eine ganze Reihe mathematischer Symbole keine Äquivalente mehr in der gesprochenen Sprache besitzen.[13] Und schon Robert Oppenheimer gab zu bedenken, daß von nun an die Fragen ohne Antworten bleiben würden:

> «Wir sind dazu verurteilt, in einer Welt zu leben, in der jede Frage eine neue aufwirft, und dies wird ohne Ende sein.(...) Ich glaube, daß all diejenigen, die heutzutage eine Synthese oder eine Einheit anstreben, sich nach einer längst vergangenen Zeit zurücksehnen. Ich glaube, daß diese Synthese nur um den Preis der Tyrannei oder der Selbstaufgabe gelingt.»[14]

Ich führe diese Zeugnisse nur an, um zu zeigen, daß Edmond Jabès, indem er sein Werk von den ersten Seiten des *Buchs der Fragen* an fest an die Geschichte band und sich als Jude bekannte, sich willentlich in das Auge des Zyklons begab, in die Mitte dieses Niemandslandes, in dem der Sinn sich zum selben Zeitpunkt verflüchtigt hat, an dem die individuelle Geschichte ihr Ende fand.

So darf man wohl behaupten, daß die Unmöglichkeit, sich in der Literatur wiederzuerkennen, der Ausgangspunkt des Werkes von Edmond Jabès ist. Wenn uns dieses Werk heute so exemplarisch erscheint, so liegt das – neben vielen anderen Qualitäten – vor allem an der Hellsicht, mit der diese Tatsache akzeptiert wird, und an der klaren Erkenntnis, daß wir von nun an allein von diesem Niemandsland aus etwas erschaffen können.

Man versteht nun besser, warum Edmond Jabès der Literatur so wenig Bedeutung beimißt, diesem blinden, trüben, zerbrochenen Spiegel, der uns unser eigenes Bild kaum besser wiedergibt als die vergilbten Photos von Sarah Schwalls Großeltern, bei deren Betrachtung Sarah höchstens erhoffen konnte, einige entfernte Züge ihres eigenen Gesichtes wiederzufinden.

Aus dem Französischen von Hans-Joachim Graubner

Anmerkungen

[1] T. S. Eliot, *Essays I*, Frankfurt/M. 1988, S. 347 (Übersetzung leicht verändert, A.d.Ü.).

[2] Zit. n. M. Blanchot, *L'Écriture du désastre*, Paris 1980, S. 157.

[3] A. B. Goldenweizer, Talks with Tolstoj, in: *Writers ond writing*, London 1958, S. 299.

[4] Cf. Fr. Mauriac, God and mammon, ibid., S. 254.

[5] Ch. Mauron, *Des métaphores obsédantes du mythe personnel*, Paris 1962, S. 239.

[6] M Kundera, Interview, in: Lettre internationale, April 1985.

[7] G. Janouch, *Gespräche mit Kafka*, Aufzeichnungen und Erinnerungen. Erweiterte Auflage,
Frankfurt/M. 1968, S. 177.

[8] M. Blanchot, a.a.O., S. 80.

[9] G. Bounoure, *La demeure et le livre*, Montpellier 1985, S. 104.

[10] B. Bettelheim, *Erziehung zum Überleben*, Stuttgart 1980.

[11] Chr. Boltanski, Austellung im CNAC, Paris 1974.

[12] H. M. Enzensberger, Landessprache (1959), in: *Der fliegende Robert*, Frankfurt/M. 1989, S. 31.

[13] G. Steiner, *Sprache und Schweigen*, Frankfurt/M. 1968, S. 56ff.

[14] R. Oppenheimer in einem Interview mit Dr. Escoffier-Lambiotte, Le Monde v. 29. 04. 1958.

Jean-Pierre Dubost

Die elf Buchstaben der Gastfreundschaft

> «Un mot de onze lettres est le territoire de l'hospitalité.
> Protège chacune d'elle car, partout, est l'enfer, le sang,
> la mort.»
> Edmond Jabès, *Le Livre de l'Hospitalité*[1]

Wenn «das Territorium der Gastfreundschaft» ein Wort «von elf Buchstaben» ist, dann muß es in jeder fremden Sprache – in jeder anderen Sprache als in derjenigen, in der ein ägyptischer Jude namens Edmond Jabès Asyl gefunden hat – mehr oder weniger als elf Buchstaben enthalten und nur zufälligerweise die gleiche Zahl. Übersetzen ist, wie Lesen und Schreiben, in der Tat ein Akt der Gastfreundschaft, so wie umgekehrt die Vorstellung, das Schreiben habe mit dem Vertrauten und nicht mit Fremdheit zu tun, eine grundsätzliche Unfähigkeit zur Gastfreundschaft verrät.

Überspitzt formuliert könnte man sogar sagen, das Nicht-Verstehen sei nicht unbedingt etwas, was uns den Zugang zu einem Text oder zu einem Werk versperrt, sondern ein Moment der Achtung, ein Akt von Gastfreundschaft, so daß der Horizont der literarischen Hermeneutik im Grunde nicht das Verstehen sein sollte:

> «Zweifelhaft ist a priori die Interpretation des Buches,
> denn sie wird durch die opake Klarheit einer Vokabel, die
> durchaus das Schlüsselwort sein könnte, in jedem
> Augenblick in Frage gestellt. Der Reichtum des Textes
> besteht in diesem schattigen Teil.» (LD 11)

Nichtsdestoweniger könnte uns das Werk von Jabès die Gelegenheit bieten, die Unausweichlichkeit dieser Paradoxie zu *verstehen*.

Zumal wir in einer Epoche leben, in der die krampfhafte Verteidigung der Verständlichkeit und der Wahn der Identität in der «Freiheit» des Marktes wie in der Gewalt des Krieges ihren zynischen Triumph zelebrieren. So wie kein Satz für gut befunden wird, wenn er nicht als im voraus «verständlich» – d.h. eigentlich als im voraus *verkäuflich* – erscheint, beruhen grundsätzlich Fremdenhaß und Identitätswahn auf der Weigerung, die Unverständlichkeit des Fremden als solche zu ertragen. Bekanntlich ergibt sich daraus eine Aporie, die wie kaum eine andere unsere Aktualität prägt, insofern die Univer-salität des moralischen Gesetzes mit dem ethischen Prinzip einer Achtung des Anderen in einen ständigen, oft grundsätzlich unlös-baren Konflikt gerät.

Viele moderne Werke widerstehen dem Leser, manche sogar systematisch, so daß oft Modernität und Unverständlichkeit als gleichwertige Attribute gelten. Jedes Werk ist aber *auf seine Art unverständlich*, so daß die Vielfalt von Formen, die das Unverständliche zumindest seit Mallarmé angenommen hat – ob in Kunst, Musik oder Literatur –, den aus didaktischen Gründen hier verwendeten Begriff im Prinzip schon aufhebt. Die hermeneutische Dichotomie verständlich/unverständlich sollte also als faktisch unbrauchbar verworfen werden. Denn die Frage ist dann nicht mehr, ob ein bestimmtes Werk verständlich oder unverständlich sei, sondern – in der Sprache dieser Dichotomie formuliert –, was der «Stil» der jeweiligen Unverständlichkeit ist. Oder noch, aber diesmal positiver und in den Worten von Jabès ausgedrückt: was ist *der Buchstabe seiner Fremdheit?*

Das Werk von Jabès ist wie kaum ein anderes der konsequente Versuch, die Fremdsprache des eigenen Werks *wie* eine Sprache zu «sprechen», und deren Syntax und Semantik ungebrochen beizubehalten. Das gilt im Grunde für jedes Werk oder definiert überhaupt jede ästhetische Sprache. Auffällig ist aber bei Jabès, daß die Syntax des poetischen «Verfahrens» (in erster Linie Anagramm und Fragment) die Insistenz eines Stils definiert, der die andere «Hälfte» des Werks – nämlich die ständige Redefinition aller «Grundworte» einer unabschließbaren Suche einerseits zu ignorieren scheint, andererseits durch und durch bedingt. Beide Register des Werkes, seine «formal-poetische» und seine «reflexiv-aphoristische» Seite, bedingen und erzeugen einander. Mehr noch: so wie das Anagramm Gottes Buch für Buch generiert (YAËL, ELYA, AELY, EL) und ins Unendliche geteilt und bis zum bloßen Punkt fragmentiert wird, beginnen mit jedem neuen Satz, mit jedem neuen Fragment, nicht nur das Buch und das Werk selbst von neuem, sondern auch seine Selbstinterpretation, seine Selbstreflexion und somit die Ausrichtung der Suche. Denn die Suche dieses Werkes, die nur der Tod von Jabès endgültig fragmentieren konnte, ist nicht linear-narrativ (im Sinne einer zu lösenden Aufgabe, eines zu suchenden Sinns), sondern poetisch-zirkulär. Sie ist ihr eigenes Anagramm (ihre ständige Permutation) und ihre unaufhörliche Fragmentierung.

Aber diese poetische Beständigkeit, die Kontinuität der poetischen Operation, scheint sich selbst negieren zu wollen, denn diese Sprache, die wie kaum eine andere sich selbst spricht, zelebriert nicht «die Sprache, die sich selbst spricht». Nichts ist Jabès so fremd wie die frühromantische Anfänglichkeit, das unendliche Spiel der Einbildungskraft, die unendliche Freiheit des Geistes oder die Unendlichkeit der Reflexion:

> «Aber bis wohin, sagte er noch, kann ein freier Geist von dieser Freiheit Gebrauch machen, die, in ihrer Treue zu sich selbst, sich jedes Mal gegen ihn selbst wendet?
> Der Geist steht einer Feindin gegenüber, die jedes Mal noch besser gerüstet ist.
> Die Freiheit, die ihn beseelt, schwächt ihn schließlich.»
> (LD 49)

Die Insistenz des Stils scheint also, wenn nicht a-poetisch, so doch a-*poietisch* zu sein. Die Überraschung der Bilder, die imaginäre Weite, erschöpfen sich in einigen wenigen Worten, in denen sich die ganze Bedeutung verdichtet und sich als Ganzes vernichtet: Das Buch, die

Wüste, das Schweigen, das Exil, Gott, (das) Nichts, die Nacht, die Quelle ... Kein Anagramm, kein Fragment vermag, dem Bann ihrer Kombinatorik zu entfliehen. Das Territorium der Gastfreundschaft ist in der Zahl seiner *Worte* auch eng begrenzt.

Wer hier etwa fragt, was «Buch», «Gott», «Wüste», «Exil», «Nacht» usw. wohl bedeuten mögen, bekommt von Jabès stets die Antwort des Rabbi. Was ist die Wüste? Die Wüste sei, «was unaufhörlich endet» Und die Zeit? Sie sei «nackt». Ist etwa Gott das Buch selbst? «Aber im Buch ist Gott ohne Gott» Und das Schweigen? Es sei «die Schwelle des Vergessens». Und das Buch? «Ein sternbesäter Himmel». Die Antworten hören sich wie das ideelle Anagramm ihrer unaufhörlichen Verschiebung an. Sie erinnern an die Enge des Territoriums und lassen uns in der Unermeßlichkeit dieser Enge umherirren. Sie laden uns aus, stoßen uns aus, exilieren uns aus dem Verstehen, verweigern jeden Zugang. Der Leser steht vor dem Werk von Jabès wie Kafkas Figur in *Vor dem Gesetz*. Nicht anders steht es aber mit dem, der schreibt:

> «Ich schreibe nur mit größter Schwierigkeit, entgegen Deiner Vermutung. Wenn ich zur Feder greife, schließt sich vor meinen Augen jeder Ausgang. Das Land, die Welt selbst verschließen sich. In diesem geschlossenen Universum wird jedes Wort, das ich bilde, ein Riegel, den ich vorschiebe.»
> (A 104)

Die Logik dieser Unmöglichkeit ist das Gesetz der Gastfreundschaft, die «elf Buchstaben hat». Wir deuten die Schrift nicht um, höchstens dürfen wir bei ihr verweilen – bei ihr, die uns immer bewohnt und uns so selten einlädt.

Man dringt tatsächlich in das Werk von Edmond Jabès ein, als würde man einem religiösen Orden, einer Bruderschaft, einer geheimen Gesellschaft beitreten: erst nach langen Prüfungen, nach langem Warten. Und man bleibt schließlich doch immer draußen. «Eintritt in das Denken des Buchs, als würde man in Gottes Denken eindringen» heißt es in *Le Parcours* (29, dt. 32). Der Konditional sagt hier das Enscheidende aus: man dringt in Gottes Denken nicht ein. Soll das heißen, daß wir es mit einer in Gedankenlyrik gehüllten Religion zu tun haben? Die Frage ist unabwendbar. Man stellt aber bald fest, daß ihre Bejahung ebenso unhaltbar ist – daß die Theologie (falls es eine wäre), die dieser Lyrik zugrunde liegt – höchst seltsam ist. Aussagen wie «Gott lieben heißt zunächst, Seinen Tod lieben» (E 109) und viele andere dieser Art lassen auf keine gewöhnliche Theologie schließen, während wiederum Sätze wie «Gott strebt nicht danach, verstanden zu werden, sondern geliebt zu werden» (E 109) weitaus vertrauter klingen.

Hier hilft keine Analogie. «Gott» stirbt im Buch von Jabès, so wie Hegel sagen konnte, daß die Kunst als Religion, die Kunst als sinnliche Aussage der alles verbindenden Religion, nunmehr «der Vergangenheit» angehöre. Trotzdem ist das Buch für Jabès weder ein Ersatz von Religion noch deren Kompensierung oder Nostalgie.

Dieses Werk ist einerseits ohne die jüdische Tradition, zu der es durch und durch gehört, sinn-los. Andererseits aber ist diese Schrift unverkennbar eine «Schrift nach der Schrift» und gleichzeitig die Formulierung der Frage der Schrift nach der Schrift. Diese paradoxe Relation stimmt mit keinem der für die Modernität konstitutiven Gegensätze (Theologie vs. Atheismus; Religion vs. Ästhetik; heilig vs. profan, Tradition vs. Modernität) überein. Aber Jabès' Werk wäre ohne Mallarmé undenkbar.

Niemals kommt bei Jabès das Wort Literatur vor. Und dennoch ist in einer gewissen Hinsicht sein ganzes Werk stets *art poétique*. Dafür spricht er immer vom «Buch» – von einem *Biblos* also. Das Buch ist nicht das Double oder das Phantom oder die Mimesis der Bibel – oder der Kabbala oder etwa des Talmud, es ist der Name einer der jüdischen Tradition gegenüber unabtragbaren, unlöschbaren Schuld – und gleichzeitig der Name der Literatur oder, wie man nunmehr im Französischen zu sagen pflegt, der *Schrift*. Ihr «Gegenstand» ist das Faktum ihrer Existenz – der radikalen Einsamkeit ihrer Existenz. Man kann nicht wirklich sagen, sie sei «gegenstandslos», aber ihr «Gegenstand» ist weder draußen noch drinnen. Die Struktur der Undarstellbarkeit, die dem Werk von Jabès zugrunde liegt, entspricht weder der Logik der Existenz im Heideggerschen Sinne (als Faktum des Daseins qua Zeit und Endlichkeit) noch der Logik des Erhabenen als Erfassen des Unfaßlichen. Die existentiale Ek-stasis ist diesem Werk grundsätzlich fremd. Im Gegenteil wird Jabès nicht müde, die Nicht-Existenz, die Zeitlosigkeit anzusprechen, ein Weder-Tod-noch-Leben, das mit unzähligen Namen umschrieben wird.[2] Die Maßlosigkeit dieser Zeit hat per se jedes Duell, jedes Gegenüber von Ich und Welt aufgehoben und akzeptiert insofern das Erhabene nur als Zeit und nicht als Raum. Aber mehr noch: sie ist gänzlich inwendig geworden, im Buchstaben selbst, in seiner Armut – in seiner Wüste eingefangen.

So ist das Gesetz eine Sprache, die sich in sich selbst dreht: «Dans le mot *oeil*, il y a le mot loi. Tout regard contient la *loi*.» (A 22). Die Sprache ist nicht, wie in der Unendlichkeit der poiesis, als eine sich selbst sprechende Sprache die Unendlichkeit des Geistes, die künstliche Göttlichkeit der Kunst. Sie ist das gegen sich selbst gewendete Gesetz, die Ab-Wendung des Wortes als Exil. Dies ist eine Einkreisung, keine Flucht – zirkulär wie das Irren selbst, das immer wieder wie in der vollkommensten Form des Labyrinths – in der Wüste – wiederholt zum gleichen Ort zurückkehrt, zu seiner Differenz – zum Faktum seiner maßlosen, engen, abzählbaren Differenz.

Anmerkungen

[1] «Das Territorium der Gastfreundschaft hat elf Buchstaben. Behüte jeden von Ihnen, denn überall ist Hölle, Blut und Tod.», in: Edmond Jabès, *Le livre de l'hospitalité*, Gallimard, Paris 1991, S. 29.

[2] So z.B. «Gott ist nach dem Leben, dort, wo das Leben seinen Namen ändert.», *Le Livrede Yukel*, 1964, S. 21; «Ich habe keine Existenz, und ich habe nie eine solche gehabt», *Aely*, dt. in: *Vom Buch zum Buch*, 1989, S. 147; «Du bist tot. Du entgehst der Einbildungskraft», *Le Livre des questions*, 1963, S. 97; dt. Das Buch der Fragen, Alphëus Verlag, Berlin 1979, S. 111. Man könnte die Zitate endlos fortführen. Mehr noch aber als diese Aufzählung gilt, daß alles, was die Sprache von Jabès berührt, vom Verschwinden gebrandmarkt ist und dieser Brandmarkung sein «Leben» verdankt, so wie sein Werk, wie das von Borges, trotz der Unverkennbarkeit seiner Sprache, gleich sam auf eine radikale Art ohne «Individualität» ist.

Francis Cohen

Aphorismen des Blicks

Für Claude Royet-Journoud

«Was ist ein Name? Das ist's, was wir uns in der Kindheit fragen, wenn wir den Namen schreiben, von dem man uns sagt, daß er der unsere sei.»

James Joyce, *Ulysses*

«Als Kind, da ich zum ersten Mal meinen Namen schrieb, hatte ich das Bewußtsein, ein Buch zu beginnen.»

Edmond Jabès, *Das Buch der Fragen*

Der Name wäre die Frage, die die Schrift an ihren eigenen Beginn richtet. Zwischen der Fremdheit des Eigennamens und dem Imperativ, sich ihm zu unterwerfen, könnte, was beginnt – *Das Buch der Fragen* –, der Versuch sein, seinen Namen wie einen Namen *in einem Namen** zu schreiben. Der Name wäre dann der paradoxe Raum des Buches, da dieses ja in dem Namen wäre.

Die Frage «Was ist in einem Namen?» geht für Edmond Jabès nicht dem Beginn des Buches voraus, der Name ist die dynamische Vorwegnahme dessen, was die Schrift buchstabiert. «Wenn du in den Besitz deines Namens zurückgekehrt bist, gehört dir das Alphabet, aber bald wirst du Sklave deiner Reichtümer sein.

* Francis Cohen spielt hier und in der Folge mit dem oben angeführten Joyce-Zitat, das in der französischen Version lautet: «Qu' y a-t-il dans un nom?» – «was ist in einem Namen?» (A. d. Ü.)

Reb Teris.» (LQ 39, dt. 40). Der Name – mein Name – kann wie die Veräußerung an einen unbegrenzten Raum gelesen werden, jeder Buchstabe des Namens kann über den Namen triumphieren, indem er seine eigene Geschichte erzeugt.

Ein Kommentar zum *Buch der Fragen* ist also immer schon «in einem Namen», der aus dem Alphabet gegriffen ist, das die imaginären und oberflächlichen Verbindungen einer Lektüre webt. Da das Schreiben des *Buchs der Fragen* schon die Praxis eines Lesens ist, muß ein Kommentar vermeiden, das Buch zu befragen: Eine solche Haltung führte nur von der Abwesenheit des Buches zurück zu jenem anderen Namen, den in seiner wesentlichen Unsichtbarkeit das *Buch der Fragen* zu lesen versucht: «Du siehst den Namen nicht, und dennoch liest du ihn. Ist das Unsichtbare nicht unlesbar? – Ich schreibe. Ich sehe den Namen, den du liest.» (RL 70). Die Frage, wie dieses «Lesen» des Namens zu schreiben wäre, ist gebunden an die Ersetzung des Lesens durch das Sehen. Das Schreiben des Lesens ist ein Blick, aber für den Leser ist dieses Schreiben eine Täuschung: «Das Buch ist Labyrinth. Du glaubst es zu verlassen, du dringst in es ein. Du hast keine Möglichkeit, dich zu retten. Du mußt das Werk zerstören. Du kannst dich dazu nicht entschließen (. . .). Das Buch trägt deinen Namen. Dein Name hat sich um sich selbst gelegt, so wie die Hand sich um die blanke Waffe legt.» (RL 66, dt. BB 96). Der Name, mein Name täuscht mein Lesen; die Beziehung des Blicks zu dem, was ich in dem Buch zu lesen suche, ist eine illusionäre Beziehung. Ein Kommentar ist also zu einer imaginären Identifikation des Namens mit dem Namen des Buches gezwungen: «Du träumst davon, einen Platz im Buch zu finden, und alsbald wirst du zum Wort, das Augen und Lippen untereinander teilen. Reb Seni.» (LQ 30, dt. 28). Reb Seni entlarvt meine eigene Illusion (oder die des Schriftstellers), die vorgibt, nicht zu sehen, was ich vor Augen habe, er streicht das Lesen aus und kommentiert das Sehend-Werden des auf eine Fläche «reduzierten» Lesens, wo sich gesehene Wörter und sehende Wörter austauschen, denn die Augen sind schon durch das Lesen zu Wörtern geworden: «Die Wörter nehmen uns die Sicht, um als einzige sehen zu können. Sie werden unsere Pupillen sein.» (A 96). Das Auge gewordene Wort, das die Wörter sieht, ist der Sieg des Auges über den Blick; was die Seite in ihrer vielfältigen Typographie zu sehen aufgibt, ist nicht die unmögliche Erzählung oder Perspektive, sondern das Aufbrechen selbst, das die einen Wörter zu sehenden, die anderen zu gesehenen macht. Sie inszeniert eine Wechselwirkung zwischen den Räumen und ihren Besetzungen, «diese waagrechten, in Antiqua gedruckten Seiten, die durch die kursiv gedruckten Spalten aufgewühlt werden, lassen buchstäblich die Typographie hörbar werden».[1] Diese Effekte sind unendlich abwechslungsreich und zwingen so, die Seite als Klang zu hören, sie wird dann die Fläche, von der aus das Buch durch das, was es sieht, und durch das, was man davon hört, betrachtet wird. Diese mannigfaltige Typographie beschreibt sichtbare Räume, die uns die Unmöglichkeit des Buches in einem Raum greifbar werden lassen. So fallen das «Hören» dieser Typographie und die Unmöglichkeit, das Buch zu lesen, zusammen. In das Buch eintreten und es verlassen geschieht im Innern einer jeden Seite, manchmal bis hin zur vierten Umschlag-seite einiger der Bücher des *Buchs der Fragen*, auf der Edmond Jabès seine eigenen Bücher kommentiert. Das Buch ist für Edmond Jabès eine Volumen gewordene Menge von Flächen, die dem Buch einen Namen gibt. «Des Buchs Bestreben war's, das Buch des Blicks zu sein.» (Y 161, dt. BB 121)

Im Aphorismus herrscht Helle, «jene Helle, die das Werk von innen her erleuchtet» (Y 161, dt. BB 121), weil er allein die Geschlossenheit des Horizonts, des Buches als Horizont, gestattet und gleichzeitig erlaubt, das Buch außerhalb des Buches zu sehen. Wenn das Sehen das Lesen ersetzt hat, wenn das Buch der Ort ist, wo sehen und gesehen werden verschmelzen, dann ist der Aphorismus die notwendige Wirkung der Unsichtbarkeit des Buches, das Augenlid blinzelt und fragmentiert so das Lesen im Aphorismus. Der Aphorismus ist also der einzige Raum, in dem Lesen und Schreiben zusammenfallen können. Wie Anne-Marie Albiach in ihrer «Studie» über *Aely*[2] schreibt, ist das Wort, lidloses Auge, «die Kraft, die wahrscheinlich in fortschreitender oder rückschreitender Bewegung die *Geschichte* durchdringt und besitzt, von der fiktiv die Rede ist – diese Geschichte oder diese Erzählung wäre die *Motivation* für unsere jeweilige Lage in einem genannten Raum – beispielsweise Ort».[3] Das Wort – lidloses Auge – eröffnet einen im eigentlichen Sinne poetischen Raum insofern, als es (auch) die Beziehung des Wortes zum Auge «motiviert». Diese Motivation in ihrer diesmal linguistischen Bedeutung ist nicht mehr dem Wahrheitsanspruch unterworfen, sondern dem Anspruch der Sichtbarkeit: Das Sichtbare «kompensiert» die Wahrheit. «Weißt du, sagte er, daß der Schlußpunkt des Buches ein Auge ist und lidlos?» schreibt Edmond Jabès im Motto zu *Aely* – das lidlose Auge, das das Wort ist, erblindet im Buch. Von *Aely* bis zum letzten *Buch der Fragen* wohnen wir vielleicht der dynamischen Positivität einer zunehmenden Blindheit bei, denn die blendende Vokabel blendet sich selbst und reduziert schließlich den Aphorismus auf den Punkt; in dieser Blendung erzeugt die Vokabel das Nichts, so daß «Sehen heißt, nur noch das Nichts zu sehen.» (Y 72)

Das Buch ist also das Buchstabieren seines Namens und *S*eines *N*amens bis zur Erschöpfung des Buchstabens im Punkt, der endlich das letzte Buch der Fragen anzeigt. Vom Namen zum Punkt entfaltet sich eine Reihe von Schreibversuchen, deren jeder wie ein Attribut des Buches gelesen werden kann. Und will die Lektüre des *Buchs der Fragen* «im Buch sein. Fragen des Buches bilden, Teil davon sein; die Verantwortung für ein Wort oder einen Satz, für eine Strophe oder ein Kapitel tragen. Behaupten können: *Ich bin im Buch*» (LQ 32, dt. 30), so müssen wir unsere Lektüre als ein (im spinozistischen Sinne des Wortes) Attribut des Buches betrachten. «Denn es gehört zur Natur der Substanz, daß jedes einzelne ihrer Attribute durch sich selbst begriffen wird, eben weil alle Attribute, die sie hat, von jeher in ihr zugleich vorhanden waren, und keins von ihnen von dem anderen hervorgebracht sein kann, sondern ein jedes die Realität oder das Sein der Substanz ausdrückt. Weit entfernt also, daß es ungereimt wäre, einer Substanz mehrere Attribute beizulegen».[4] Durch die Lektüre hat das Buch einen Namen, und jedem Attribut entspricht der Ausdruck oder der Kommentar des Buches in dem Namen des *Buchs der Fragen.*

Aus dem Französischen von Barbara Kuhn

Anmerkungen

[1] Claude Royet-Journoud, *«Les Nouvelles Littéraires»*, 15. April 1976.

[2] *Anawratha*, Editions Spectres Familiers 1984, S. 10.

[3] Nach unserem Wissen ist es einzig Anne-Marie Albiach «gelungen», *über* Edmond Jabès zu schreiben; Sie legte eine Studie vor, die ihr eigenes Lesen als Vision generiert. Diese Vision gilt einer Schrift, in der das Wort – lidloses Auge – das Lesen und Schreiben als Antizipation des zu Schreibenden generiert.

[4] Spinoza, *Die Ethik* (übersetzt von Otto Baensch), I. Teil, Anmerkung zum Lehrsatz 10, Meiner, 1976, S. 11.

Johannes Hauck

Der leere Spiegel, die Weiße und die Subversion

«Im Spiegel meines Badezimmers sah ich ein Gesicht
auftauchen, welches das meine hätte sein können, dessen
Züge er mir jedoch zum ersten Mal zu enthüllen schien.
Gesicht eines andern, und gleichwohl so vertraut.
Während ich meine Erinnerungen versammelte, fand
ich, hinter ihm, erneut jenen Menschen, mit dem man
mich verwechselt, von dem ich jedoch als einziger weiß,
daß er, für mich, zu jeder Zeit ein Fremder war.
Jäh verschwand das Gesicht, und der Spiegel wider-
spiegelte, da er seinen Daseinsgrund verloren hatte, bloß
noch das Stück Wand, das glatt und weiß ihm gegenüber-
stand.
Seite von Glas und Seite von Stein, einsam und innig zu
zweit im Wechselgespräch.
Das Buch hat keinerlei Ursprung.»[1]

Eine vertraute Alltagssituation: der Blick in den Spiegel im
Badezimmer. Nichts jedoch von dem, was das Ich des vorliegenden
Textes erzählt, ist problemlos nachvollziehbar. Schon der Spiegel dieses Ich-Erzählers scheint anders zu funktionieren, als wir es erwarten
würden. Das Spiegelbild entdeckt sich dem Ich nicht im gleichen
Augenblick, in dem es in den Spiegel blickt, sondern es tritt offenbar
erst mit Verzögerung, gleichsam nachträglich in Erscheinung: als ob
das Spiegelglas dem Betrachter das Gesicht zunächst willkürlich vor-
enthalten hätte.[2]
    Überhaupt gleicht die Situation eher einem Theaterbesuch: das Ich
blickt auf eine Bühne und wird konfrontiert mit einem Schauspiel,
dessen Handlung sich seinen Einflußmöglichkeiten entzieht. Ein
Gesicht tritt auf, um ebenso plötzlich, wie es sich präsentierte, auch
wieder zu verschwinden, und zwischen diesen beiden Ereignissen

fragt der Betrachter, irritiert, nach der Identität jenes Gegenübers.

Die Willkür des Spiegels erstreckt sich nämlich möglicherweise nicht nur auf die zeitliche Verschiebung der Reflexion, sondern auch auf den «Inhalt» des Gespiegelten. Vielleicht entzieht der Spiegel sich der Verpflichtung auf das Prinzip der spiegelgenauen Reproduktion und wirft dem Ich das erwartete eigene Gesicht als das «Gesicht eines andern» zurück.[3] Es könnte allerdings auch so sein, daß das abweichende Spiegelergebnis dem Ich erstmals einen unverhüllten Blick auf die eigentlichen eigenen Gesichtszüge ermöglicht. Es ist die Ungewißheit darüber, ob sich in der erzählten Situation eine überraschende Offenbarung oder eine willkürliche Entstellung ereignet, die das Betrachter-Ich in Zweifel stürzt.[4] Wird das Ich mit sich selbst entzweit, weil der Spiegel erstmals die schonungslose Wahrheit herausrückt, oder weil er das Eigen(tlich)e des Ich gerade entwendet?

Die seltsamen Aktivitäten des Spiegels erscheinen als weniger fantastisch, wenn man sie vereindeutigend liest als die Veräußerlichung von Vorgängen im Bewußtsein des Ich: Es geht dann im Kern nicht um ein momentan abweichendes willkürliches Verhalten des Spiegelglases, sondern um eine situativ gebundene abweichende subjektive Disponiertheit, die auf eine grundsätzlich konflikthafte Selbstwahrnehmung hindeutet.

Dies bestätigt sich, wenn im dritten Absatz ein wiederum ungewöhnlicher Versuch der gedanklichen Selbstversicherung beschrieben wird. Das Ich bemüht sich hier um die Anähnlichung des ihm zuerst fremd erscheinenden Spiegelbilds, indem es in die reflektierten Gesichtszüge[5] die eigenen Erinnerungen hineinliest. Dies gelingt zwar, doch ergibt sich dabei das Problem, daß die Erinnerungen das Ich nicht auf die Spur eines zuverlässigen Selbstbildes (zurück)führen, sondern auf eine Identität, die dem Ich von anderen zugeschrieben wird. Diese Identität aber hat das Ich immer als die Identität eines Anderen, eines Fremden entschieden von sich distanziert. So wie der Spiegelungsvorgang nicht gewohnheitsmäßig «funktioniert» und das Betrachter-Ich statt mit einem vertrauten Bild mit einem irritierend

anderen Gesicht konfrontiert, so führt also auch der Erinnerungs-
vorgang zu einem abweichenden Ergebnis: im Erinnern wiederholt
das Ich nicht imaginär seine eigene Geschichte, sondern es vollzieht
die Projektionen anderer auf sich selbst nach; diese Projektionen kon-
stituieren aber einen ganz anderen Menschen.

Wenn in diesem mentalen Prozeß nun doch eine Art Selbstvergewisserung statthat, so ist dies eine Selbstvergewisserung ex
negativo: das Ich findet zuletzt zu der nur ihm selbst zugänglichen
Gewißheit («je suis seul à savoir»), *stets* anders gewesen zu sein als der,
den die anderen in ihm sahen. Dieses Wissen ist also lediglich relatio-
nal bestimmt, – es konstituiert sich in Abhängigkeit vom Blick der
anderen, – und es ist kein intersubjektiv geteiltes oder mitteilbares
Wissen. Das Ich verfängt sich nicht in Ähnlichkeiten, es findet sich
weder im Spiegel noch im Blick der anderen wieder, sondern es weiß
sich nur als abweichend von Bildern seiner selbst.

Noch dramatischer gestaltet sich die Situation mit dem nächsten
Abschnitt: mit dem plötzlichen Verschwinden des Gesichts aus dem
Spiegel verschwinden nun auch alle Hinweise auf das / auf ein Ich aus
dem Text, und es bleibt nur der situative Rahmen des Spiegelgesche-
hens, die Kulisse jenes Spiels von Offenbarung und Entstellung, von
Ähnlichkeit und Differenz, von Entzweiung und negativer Selbstvergewisserung. Der Entzug des Gesichts geschieht schockartig; die
temporale Modellierung des Vorgangs im französischen Text signalisiert die Überraschung des Betrachters und legt damit nunmehr noch
drastischer einen willkürlichen Eingriff des Spiegels nahe. Die
Tilgung des menschlichen Subjekts geht zumal mit einer gespensti-
schen Belebung von Spiegel und Mauer einher: dem Spiegel wird
zunächst indirekt eine «raison d'être» zugeschrieben, während die
gegenüberliegende Mauer ihm gleichsam ihr Gesicht zuwendet («qui
lui faisait face»); schließ-lich erscheinen beide metaphorisch als
Gesprächspartner («dialoguant entre elles»), die zugleich in sich
gekehrt und miteinander verschworen sind («solitaires et complices»).
Fast scheint es so, als ob die beiden «Komplizen» sozusagen «still-

schweigend» das zwischen ihnen postierte menschliche Wesen aus dem Weg geräumt hätten.

Tatsächlich gibt sich die schockartige Konfrontation des Ich-Erzählers mit seiner Abwesenheit als eine Todesvision zu lesen: der Ort, an dem das Ich sich allmorgendlich, aus dem Anderswo des Schlafs zurückkehrend, im Spiegel «wiederfindet», wird zum Ort der Auslöschung; der hermetische Dialog von Spiegel und Wand erscheint darüber hinaus als allegorisches Modell einer subjektlosen Sprache, einer Sprache, die jenseits des konflikthaften Spiels von Identität und Differenz den Zusammenfall von Einsamkeit und Einklang beschwört. Das französische Original inszeniert diese Beziehung als ein Echo: «Page de verre et page de pierre» antworten einander und sind miteinander im Ein-Klang, wobei sie zugleich nichts anderes bezeichnen als die tönende Hohlheit des zwischen ihnen aufgespannten leeren Raumes.[6]

Die Metaphorik des Buches, die mit der «Seite von Glas» und der «Seite von Stein» ins Spiel kommt, führt auf die isolierte Schlußsentenz hin: «Das Buch hat keinerlei Ursprung.» Hier wird wiederum eine Gewißheit formuliert, die zunächst einmal eine negative Aussage ist. Indem an diesem neuralgischen Punkt des Textes, gleichsam an der Stelle des Schlußresümees, das Buch nun als zentrales Thema und nicht mehr nur als Bildspender fungiert, wird eine Erweiterung unserer allegorischen Lektüre des Prosastückes provoziert: die absonderliche Spiegelbegegnung, in deren Verlauf das Ich sich offenbar bis hin zum Vorgriff auf den eigenen Tod selbst abhanden kommt, und die als abgründiger, teils wahnsinnsnaher Prozeß der Subversion von Ähnlichkeits- und Identitätsvorstellungen erschien, welcher in der Evokation eines subjektlosen Raumes gipfelte, wird nun lesbar als Allegorie einer (Selbst-)Lektüre.

«Ouvre mon nom. Ouvre le livre» – «Öffne meinen Namen. Öffne das Buch.» Diese aphoristische Aufforderung geht dem von uns betrachteten Prosastück voraus.[7] Vielleicht ist mit diesem «Öffnen des Namens» bereits ein Aufbrechen, ein Zerlesen des Namens gemeint, ein Hinausgehen aus dem Schema der Identität. Die drei Phasen der Infragestellung oder des Selbstverlusts, die unser Prosastück evoziert, lassen jedenfalls an drei Dimensionen einer Lektüreerfahrung denken: das Ich, das sich im eigenen Text plötzlich mit einer umstürzenden, ihm bisher verborgenen Lesart konfrontiert sieht[8], das über die Erinnerung die in einer bestimmten Autorenidentität konvergierenden Lektüren der anderen und darüber die Gewißheit seiner eigenen Irreduktibilität wiederfindet und das schließlich, jenseits des von den Sprachzeichen provozierten Spiels von Ähnlichkeit und Differenz, durchstößt zur Lektüre der weißen Seite. Die glatte weiße Wand, die allein noch mit dem Spiegel «dialogisiert», nachdem das Ich zusammengebrochen, verschwunden oder einfach «transparent» geworden ist, entspricht also der Buchseite, auf der die Buchstaben – verschlissen vielleicht von einer rastlosen Lektüre – gleichsam verblichen und ins Weiße übergegangen sind.

Damit haben wir freilich bereits eine Grenzvorstellung skizziert, die in den Texten Edmond Jabès' immer wieder als ein Faszinosum beschworen wird und der eine messianische Kraft zugeordnet ist: die Lektüre als eine endlose Befragung des Geschriebenen, bei der sich die Resistenz des Wortes gegen eine endgültige Lektüre erweist. In *Le Parcours* beschreibt Jabès solch emphatisches Lesen als die jahrtausendealte Praxis «des Juden»: «Über einen Text gebeugt, den er, da die Wahrheit in ihm liegt, unaufhörlich befragen muß, nimmt seine Befragung zu ihrer Entfaltung sein ganzes Leben in Anspruch, nicht nur aufgrund all dessen, was sie ihn noch lehren kann, sondern gerade aufgrund dessen, was, einmal erlernt, ihm dabei hilft, seine nächste Frage besser zu formulieren. / Das Wort überlebt die Wörter, indem es die Leere akzeptiert, die diese bei ihrem Verschwinden in ihm hinterlassen haben. / Es verdankt seine Weite dem Scheitern ihres Versuches, es zu begrenzen. (. . .)»[9] Diese «Leere», die sich im gelesenen Wort durch alle Lektüren hindurch gleichsam aufhäuft, ähnelt der Leere der weißen Seite, die als ein Grenzphänomen des Widerständigen sich jedem Entzifferungsversuch entzieht. Die Weiße trägt und umgrenzt oder begrenzt allerdings auch den Buchstaben, das Wort (und sichert so die Lesbarkeit), und sie provoziert zuerst die Spuren der Schrift. Zwischen der Weiße der unbeschriebenen Seite und der «Weiße» des zerlesenen Textes liegt für Jabès die Geschichte von Schrift und Lektüre, die Geschichte des Buches, die Geschichte der Existenz (des Juden, des Schriftstellers). «Weiß sind die erste und die letzte Seite des Buches.» – So heißt es, in schimmernder Mehr-deutigkeit, in *Le Parcours*.[10] Das *Buch von Yukel* zitiert den fiktiven Reb Ara wiederum folgendermaßen: «Von meiner kindlichen Beharrlichkeit, mit nackten Fäusten auf den Stein einzuschlagen, möchte ich am Ausgang meines Lebens lediglich das Gesicht der unendlichen Weiße der Mauer wahren.»[11] Das von uns beschriebene Prosastück scheint mit dem überraschenden Verschwinden des Gesichts aus dem Spiegel zugunsten des Gegenübers der glatten weißen Mauer eben diesen Wunschtraum des Rabbis einzulösen.

Wir müßten an dieser Stelle, da Schreiben, Lektüre und Existenz von einem einzigen nichtenden Weiß eingeklammert erscheinen, eigentlich Jabès' komplexen Reflexionen über das Weiß, über die Textlücke und die Leerstelle (deutsche Bedeutungsvarianten von «le blanc») sowie über die (unfaßbare, transzendentale) Weiße («la blancheur») nachgehen[12] und zeigen, wie Jabès' Schreiben seine innere Spannkraft gerade aus dem Respekt vor der Weiße bezieht und sich nicht todessehnsüchtig in der Vergeblichkeit einrichtet. Die Schrift, mit der der Autor die leere Seite schwärzt, mißt sich mit der Weiße, die ihr immer schon voraus ist, so wie sich das Denken mit der Unfaßbarkeit des Undenkbaren, mit der Undenkbarkeit des Nichts und des Todes mißt.[13] Die unaufhebbare Asymmetrie zwischen den beiden Gegenpolen bewirkt eine unabsehbare Dynamik der Subversion, wobei die Schrift sich die subversive Kraft selbst zunutze machen kann, wenn sie zur Schrift über das Schreiben wird. «Subversiv ist die Buchseite, wo das Wort Fuß zu fassen glaubt; subversiv ist das Wort, wo die Seite seiner Weiße sich auftut. // Ein Schritt im Schnee genügt, um den Berg zu erschüttern.»[14]

Wenn es am Ende des betrachteten Prosastücks heißt «Das Buch hat keinerlei Ursprung», dann konstatiert dort ein Autor bei der Lektüre seines Buches sozusagen den «Tod des Autors» und verneigt sich zugleich vor jener Dynamik der Subversion, in der sein Schreiben von Anfang an bereits befangen war/ist. Jabès' Schreiben über die Schrift, das die Dimensionen dieser Dynamik bis hin zur Befragung des Gott-Mensch-Verhältnisses als einer Beziehung der Subversion auslotet, gerät so zu einer mystischen Suche nach dem «Buch vor den Büchern»: «Sämtliche Bücher sollen in jenem letzten enthalten sein, aus dem sie geschöpft haben. Buch vor den Büchern. Buch der Nicht-Ähnlichkeit, dem ähnlich zu sein sich diese bemüht hätten. Geheimes Vorbild, dem keine Kopie gleichkommen wird. Mythisches Buch. Eines.»[15]

Die ereignishafte Konfrontation mit dem leeren Spiegel, die aberwitzige Auflösung des Ich in einem Spiel der Nicht-Ähnlichkeit erweist sich vor diesem Hintergrund somit nicht als eine schlichte Todesvision, sondern als eine Epiphanie oder eine mystische Erfahrung: ein momentaner Blick ins Nichts, mit dem der Schauende über den Tod hinaus ist. Die von uns aus Jabès' Werk zusammengestückelten Fragmente über die Subversion und die Weiße umkreisen allesamt etwas Unaussprechliches, das in dem kommentierten Prosastück erst recht unausgesprochen bleibt, das von diesem aber eindringlich als momenthaft erfahrbares Grenzphänomen behauptet wird.[16]

Anmerkungen

1 Zitiert nach der zweisprachigen Ausgabe: E. Jabès, *Verlangen nach einem Beginn. Entsetzen vor einem einzigen Ende*, übertragen von F. Ph. Ingold, Stuttgart 1992, S.51 und 53.

2 Das französische passé simple («je vis apparaître») verstärkt diesen Eindruck der Nachträglichkeit.

3 Die französische Version «un visage [..] dont il me semblait découvrir [..] les traits» läßt m. E. beide Lesarten zu: daß das Ich überraschend andere Gesichtszüge entdeckt (unpersönliches «il») oder daß der Spiegel diese dem Ich erst enthüllt («il» = der Spiegel).

4 «[..] un visage qui aurait pu être le mien *mais* [..]» – «Visage d'un autre et, *cependant*, si familier.» (Hervorhebungen von mir). Das Ich kann sich also weder in der Identifikation, noch in der verdinglichenden Abgrenzung einrichten.

5 Französisch «à travers lui» als «durch den Spiegel hindurch» oder «mit Hilfe des Spiegels».

6 Ich selbst habe mir, solange ich mich erinnern kann, den eigenen Sterbemoment immernur als ein Klangereignis vorstellen können: als das Geräusch einer schweren Stahltür,die ins Schloß fällt; das wuchtig einrastende Metall besiegelt zwar die Endgültigkeit desVorganges, ihm folgt jedoch noch ein hohler Nachhall, der für mich in jenen «visionären» Augenblicken stets etwas zutiefst Ironisches hatte.

7 In der zitierten Textausgabe S.50f.

8 «Das Geschriebene ist kein Spiegel. Schreiben: sich einem unbekannten Gesicht aus setzen.» So heißt es zu Beginn von *Das kleine unverdächtige Buch der Subversion* (übersetzt von F. Ph. Ingold, München 1985; zit. S.5).

9 *Le Parcours* (erschienen 1985) zitiere ich hier nach der deutschen Übersetzung von Monika Rauschenbach: Edmond Jabès, *Der vorbestimmte Weg*, Berlin 1993, dort S.96f.

10 ebda S.130

11 Das *Livre de Yukel* stammt von 1964; ich zitiere nach der von Jabès selbst zusammen gestellten, im Hanser Verlag veröffentlichten und von F. Ph. Ingold übersetzten Werkanthologie: Edmond Jabès, *Vom Buch zum Buch*, München / Wien 1989; dort S.69.

12 Einen Kulminationspunkt erreichen diese Reflexionen etwa in den drei Texten *Über die Weiße* aus dem ersten *Petit livre de la subversion hors de soupçon*, das im Zentrum des 1978erschienenen Bandes *Le Soupçon Le Désert* steht und bisher noch nicht ins Deutsche übersetzt ist.

13 «Man denkt nicht den Tod, die Leere, das Nicht-Seiende, Das Nichts; sondern deren unzählbare Metaphern: eine Art und Weise, das Ungedachte zu umreißen», aus: *Sand,* in: *Das kleine unverdächtige Buch der Subversion* (1982/85), a.a.O. S.77. – Vgl. hierzu: «[. . .] Écrire serait, par conséquent, affronter dans sa totalité fuyante la mort; mais ne nous mesurer, à chaque fois, qu'à l'un de ses instants. / Épreuve au-delà de nos forces qui nous conduit à écrire contre l'écriture de la mort et à être nous-mêmes écrits par elle.» («Schreiben hieße infolgedessen, sich dem Tod in seiner unfaßlichen Totalität zu stellen; indes würden wir uns bei jedem Anlauf freilich nur mit einem seiner Momente messen können. / Ein über unsere Kräfte gehendes Exerzitium, das uns in die Situation bringt, gegen die Schrift des Todes anzuschreiben und zugleich selbst von ihr geschrieben zu werden.») Aus: *Le Mur, II*, in: *Le petit livre de la subversion hors de*

soupçon (1978), zit. nach der Ausgabe E. Jabès, *Le Livre des Ressemblances*, Paris 1991 (coll. l'imaginaire), S.214; provisorische Übersetzung von mir.

[14] Aus: *Die Buchseite als Ort der Subversion des Worts und der Weiße*, in: *Das kleine unverdächtige Buch...* (1985), S.28.

[15] Aus der Vorankündigung zu *Das Unauslöschliche Das Unerkannte (L'ineffaçable L'inaperçu)*,in: *Das kleine unverdächtige Buch...* (1985), S.61. – Jacques Derrida beschreibt in seinem Aufsatz «Comment ne pas parler. Dénégations» (in: ders., *Psyché. Inventions de l'autre*, Paris 1987, S.535-595) das Schreiben über die Schrift («une écriture de l'écriture», ebda S.542 u. passim) als ein Verfahren der negativen Theologie und damit auch der Mystik.

[16] Das Motiv des leeren Spiegels kehrt nicht zufällig in verschiedenen mystischen Traditionen wieder. Ich verweise hier lediglich auf den Koan des leeren Spiegels und begleitende Anekdoten im Zen (s. etwa: J. van de Wetering, *Der leere Spiegel. Erfahrungen in einem japanischen Zen-Kloster*, übers. von H. Graf, Reinbek 1981 sowie Daisetz T. Suzuki, *Zazen. Die Übung des Zen*, übers. von J. Eggert, Bern / München / Wien 1988, S.55) sowie auf die tiefere Bedeutung des Übergangs von der Sephirah Jesod (nichtleuchtender Spiegel) zur Sephirah Tiphereth (leuchtender Spiegel) im Weg der Kabbalah (s. hierzu Z'ev ben Shimon Halevi, *Der Weg der Kabbalah*, übers. von M.-Th. Hartogs und U. Rahn-Huber, München 1993, S.71 u. passim).

André Velter

Vom Unabschließbaren

«Schreiben, jetzt schreiben, einzig und allein um mitzu-
teilen, daß ich eines Tages aufgehört habe zu sein: daß alles
über mir und um mich herum eine Bläue angenommen
hat, unermeßliche leere Weite für den Flug des Adlers,
dessen mächtige Schwingen mit jedem Schlag die Gesten
des Abschieds von der Welt unendlich wiederholen.
   Ja, einzig um zu bestätigen, daß ich an jenem Tag aufgehört habe zu sein, da der räuberische Vogel allein den
Raum meines Lebens und den des Buchs in Besitz genommen hat, um sich zum Herrscher aufzuschwingen und das
zu verschlingen, was in mir ein weiteres Mal zur Welt
kommen wollte und was ich auszudrücken versuchte.»[1]

Als Edmond Jabès diese beiden Sätze schreibt, sie dem *Buch der Gastfreundschaft* als Motto voranstellt, weiß er, daß er nun sein letztes Buch
beginnt, die letzten Markierungen seines Weges andeutet und daß sein
Leben verlöschen wird. Klarheit, Hellsicht, Herrschaft über sich, den
Atem und die Zeit: was hier der Schrift anvertraut wird, zeugt von
einer beispiellosen Erfahrung, von einer aufgerüttelten und doch sou-
veränen Weisheit, die ganz und gar nicht von Stillstand kündet.

   Einer solchen Wegstrecke kann man nicht bis zu ihrem angekün-
digten Ende folgen, ohne voller Bangen wahrzunehmen, wie der
Raum immer enger wird, die Rede schwindet, die Schrift sich
verschließt. Der Leser von Jabès wird das Herannahen des Todes in
den Worten als Beginn einer allmählichen Entäußerung empfinden,
als eine Reise ins Nichts, illusionslos, aber leichtfüßig. Denn das Ziel
ist nicht das Ziel, es gibt kein Heil für ein Werk, dessen Wunden für
immer offen bleiben werden. Das Unabschließbare also ist es, das das
sich ab-schließende Dasein unaufhörlich heimsuchen wird.

«So war die zu 'übermittelnde Sache' nichts als Sand-
staub und das Buch nichts als Wortstaub.
Alles muß noch einmal geschrieben werden.»[2]

Der Titel des letzten Werks macht die Gastfreundschaft zu dessen
Sinnbild und versammelt noch einmal die Grundgedanken von
Dialog, Teilen und Empfangen. Wie es seine Art ist, erkundet Jabès
alle möglichen Zugänge zu jenem Wort, das er dazu bestimmt hat,
vorübergehend seine Zuflucht und der Katalysator seiner Zweifel,
seiner Hoffnungen, seiner Fragen zu sein: Wo, wann, warum gibt es
die Gastfreundschaft? Enthüllt oder offenbart sie sich mit der
Sprache? Ist sie göttlich, ist sie Nomadin, ist sie letzte Stimme?
*«Der Weise – sagte er – hat alle Stufen der Duldsamkeit erklommen und ent-
deckt, daß die Freundschaft einen Blick besitzt und die Gastfreundschaft eine
Hand.»* (LH 17). Aber bietet sich diese Hand dem anderen , dem
lebendigen Bruder, dem abwesenden Bruder, dem Sand dar, oder lieb-
kost sie wohl den Wind? Welche Gastfreundschaft erwartet den gast-
freundlichen Weisen, den Schriftsteller, den Dichter, den Fremden?
Bis in den Taumel hinein vermehrt Jabès seine Antworten:
*«Veränderlicher Raum der Gastfreundschaft. Trauer und dann, plötzlich,
Wiedergeburt.»* Und ein paar Seiten später heißt es: *«Strenge Gastfreund-
schaft. Die der Wüste. Die seiner Rasse. Die des Vergessens.»* (LH 13, 29)
Das ganze Buch müßte Wort für Wort, Satz für Satz angeführt wer-
den, so sehr entfaltet es sich im Spiel von Echos, unendlichen Nach-
klängen, in vom Widerschein des Himmels und der Erde bevölkertem
Schweigen. Jede Seite wird zum Spiegel, zum Blitz, zur Quelle, zum
Rückhalt des Denkens.

Indes, wenn sich die Reise der Gedanken mit Stärke und Strenge Geltung verschafft, so klammert sie keineswegs das konkrete Engagement, das tägliche Aufbegehren aus. So nimmt Jabès in dem Gefühl,
daß die vor ihm liegende Zeit schwindet, in die Bewegung seines
Textes einen Zeitungsartikel auf, der Israelis und Palästinenser zur

Eintracht aufrief, das heißt zum Zugeständnis einer gegenseitigen Gastfreundschaft.

An diesem Einbruch von Gegenwart, von Aktualität, ist nichts Willkürliches, es ist im Gegenteil eine Unterweisung in Würde und Mut. Ein treffendes Urteil zudem, ein Urteil von äußerster, ja verzweifelter Bescheidenheit: *«Eine einsame Rede benennt zunächst nur die Einsamkeit, mit der sie kämpft.»* Denn er wird, und er spricht es schonungslos aus, das kommende Jahr weder in Jerusalem noch in der Glückseligkeit eines wohl kaum wahrscheinlichen himmlischen Jerusalems verbringen. *«Nächstes Jahr, die Nacht»* (LH 37, 41), so wird es sein.

«Schwarz ist die Farbe der Ewigkeit», schrieb er auch in den wie als Randbemerkungen zum *Buch der Gastfreundschaft* verfaßten Aphorismen, die unter dem Doppeltitel *Verlangen nach einem Beginn Entsetzen vor einem einzigen Ende* [3] erschienen sind. Diese heiteren und schmerzlichen, von Licht und Leben erfüllten Bruchstücke schieben die endgültige Entrückung hinaus, als handelte es sich um eine Handvoll Prophezeiungen, die er ausstreut in der Wüste und im Buch, das Gott *«uns niemals hinterlassen hat»*.

> «Was schwimmt, hat das Alter des Wassers.
> Was atmet, hat das Alter der Luft.
> Was schwindet, hat das Alter der Zeit.»
> (DCAF 45, dt. 79)

Seit dem 2. Januar 1991 hat Edmond Jabès das Alter der Zeit. Das unvordenkliche Alter der Weisheit, die seine Jugend und all seine Subversion unversehrt zu bewahren vermochte. Und mit dem Weisen, der seine Gesichtszüge trägt, spricht er zum Abschied diesen Epilog: *«Gott die Bürde des Ganzen. Dem Menschen des Wenigen Teil.»* [4] Sein Teil aber war – einzigartig und unvergänglich – das Feuer des Seins und die Wunde der Worte.

Aus dem Französischen von Tim Gruhl

Anmerkungen

1   Edmond Jabès, *Le Livre de l'hospitalité*, Gallimard, Paris 1991, S. 9.
2   ibid. S. 96. Dt. in: Edmond Jabès, *Abschied*. Sätze aus dem «Buch der Gastfreundschaft».Akzente, Heft 4, August 1991, S. 293.
3   *Désir d'un commencement Angoisse d'une seule fin.* Fata Morgana, Montpellier 1991, S. 13.Dt.: *Verlangen nach einem Beginn Entsetzen vor einem einzigen Ende*, zweisprachige Ausgabe. Verlag Jutta Legueil, Stuttgart 1992, S. 17.
4   *Le Livre de l'hospitalité*, S. 102. («A Dieu, le fardeau du Tout», was auch als «Adieu, Bürde des Ganzen» gelesen werden kann. A. d. Ü.)

Für die Schriften von Edmond Jabès, die in den Beiträgen zitiert werden, gelten folgende Abkürzungen (vgl. dazu auch die Auswahlbibliographie).

A:	*Aely*
BB:	*Vom Buch zum Buch*
CSC:	*Ça suit son cours* (Es nimmt seinen Lauf)
DCAF:	*Désir d'un commencement Angoisse d'une seule fin* (Verlangen nach einem Beginn Entsetzen vor einem einzigen Ende)
DD:	*Dans la double dépendance du dit*
DL:	*Du Désert au livre* – Entretiens avec Marcel Cohen
E:	*Elya*
El:	· *(El, ou le dernier Livre)*
Et:	*Un Étranger avec, sous le bras, un livre de petit format* (Ein Fremder mit einem kleinen Buch unterm Arm)
II:	*L'Ineffaçable l'Inaperçu*
JBD:	*Je bâtis ma demeure*
MM:	*La Mémoire des mots* (Worterinnerung)
LD:	*Le Livre du dialogue*
LH:	*Le Livre de l'hospitalité*
LM:	*Entretiens avec le Monde*
LMM:	*La Mémoire et la Main* (Das Gedächtnis und die Hand)
LR:	*Le Livre des ressemblances*
LP:	*Le Livre du partage*
LQ:	*Le Livre des questions* (Das Buch der Fragen)
LS:	*Le Petit Livre de la subversion hors de soupçon* (Das kleine unverdächtige Buch der Subversion)
LSLS:	*Le Seuil Le Sable*
LY:	*Le Livre de Yukel*
P:	*Le Parcours* (Der vorbestimmte Weg)
PT:	*La voix où elle s'est tue*
R:	*Récit*
RL:	*Le Retour au livre*
SD:	*Le Soupçon le Désert*
Y:	*Yaël*

Ausgewählte Schriften von Edmond Jabès

Je bâtis ma demeure, poèmes 1943 - 1957 (Gallimard, Paris 1959; *Poésies complètes*, Gallimard, Paris 1975)

Le Livre des Questions (1963 - 1973):
Le Livre des questions (Gallimard, Paris 1963)
Le Livre de Yukel (Gallimard, Paris 1964)
Le Retour au livre (Gallimard, Paris 1965)
Yaël (Gallimard, Paris 1967)
Elya (Gallimard, Paris 1969)
Aely (Gallimard, Paris 1972)
· *(El, ou le dernier Livre)* (Gallimard, Paris 1973)

Le Livre des ressemblances (1976 - 1980):
Le Livre des ressemblances (Gallimard, Paris 1976)
Le Soupçon le Désert (Gallimard, Paris 1978)
L'Ineffaçable l'Inaperçu (Gallimard, Paris 1980)

Le Livre des limites (1982 – 1987):
Le Petit Livre de la subversion hors de soupçon (Gallimard, Paris 1982)
Le Livre du dialogue (Gallimard, Paris 1984)
Le Parcours (Gallimard, Paris 1985)
Le Livre du partage (Gallimard, Paris 1987)

Ça suit son cours (Fata Morgana, Montpellier1975)
Récit (Fata Morgana, Montpellier, 1981)
Du Désert au livre. – Entretiens avec Marcel Cohen (Éd. P. Belfond, Paris 1981)
Dans la double dépendance du dit (Fata Morgana, Montpellier 1984)
La Mémoire et la Main (zs. mit E. Chillida, Éd. Galerie Lelong, 1987)
Un Étranger avec, sous le bras, un livre de petit format (Gallimard, Paris 1989)
Le Seuil le Sable Poésies complètes 1943 – 1988 (Gallimar, Paris 1990)

La Mémoire des mots – *Worterinnerung* (zweisprachige Ausgabe,
Éd. Fourbis, Paris 1990)
Le Livre de l'hospitalité (Gallimard, Paris 1991)
Désir d'un commencement Angoissse d'une seule fin (Fata Morgana,
Montpellier 1991)
La Voix où elle s'est tue (in: Cahiers pour un temps. Centre Georges
Pompidou, Paris 1987)
Entretiens avec Le Monde (La Découverte, Paris 1984)

In deutscher Übersetzung erschienen:

Das Buch der Fragen (Alphëus Verlag, Berlin 1979;
Bibliothek Suhrkamp, Frankfurt/M. 1989)
Es nimmt seinen Lauf (Bibliothek Suhrkamp, Frankfurt/M. 1981)
Das kleine unverdächtige Buch der Subversion (Ed. Akzente,
Carl Hanser Verlag, München 1985)
Die Schrift der Wüste, Gedanken, Gespräche, Gedichte
(Merve Verlag, Berlin 1989)
Vom Buch zum Buch (Carl Hanser Verlag, München 1989)
Ein Fremder mit einem kleinen Buch unterm Arm (Ed. Akzente,
Carl Hanser Verlag, München 1993)
Verlangen nach einem Beginn Entsetzen vor einem einzigen Ende
(Verlag Jutta Legueil, Stuttgart 1992)
Das Gedächtnis und die Hand (Kleinheinrich, Münster 1992)
Der vorbestimmte Weg (Merve Verlag, Berlin 1993)

Die Autoren

Paul Auster (geb. 1947) studierte Anglistik und Vergleichende Literaturwissenschaft. Verbrachte danach einige Jahre in Paris. Lebt heute in New York. Auf deutsch erschienen: *Stadt aus Glas* Hoffmann u. Campe, Hamburg 1987), *New York Trilogie*. Stadt aus Glas/Schlagschatten/Hinter verschlossenen Türen (Rowohlt, Reinbeck b. Hamb. 1989), *Im Land der letzten Dinge* (Rowohlt 1989), *Mond über Manhattan* (Rowohlt 1990), *Die Musik des Zufalls* (Rowohlt 1992), *Die Erfindung der Einsamkeit* (Rowohlt 1993).

Hans-Dieter Bahr (geb. 1939) ist Professor für Philosophie an der Grund- und Integrativwissenschaftlichen Fakultät der Universität Wien. Veröffentlichungen: *Das gefesselte Engagement* (Bouvier u. Co, Bonn 1970), *Kritik der «Politischen Technologie»* (Europäische Verlagsanstalt, Frankfurt/M. 1970), *Über den Umgang mit Maschinen* (Konkursbuch-Verlag, Tübingen 1985), *Machinationen*. Fährtenwechsel zwischen Philosophie und Kunst (Konkursbuch-Verlag, Tübingen 1986), *Die Sprache des Gastes* (Reclam-Verlag, Leipzig 1994).

Didier Cahen (geb. 1950) lebt und unterrichtet in Paris. Veröffentlichungen: *Séjours* (Spectres Familiers, Marseille 1985), *Il est interdit d'être vieux* (Éd. J.-L. Poivret, Paris 1989), *La Largeur d'un pied d'homme* (Fourbis, Paris 1990), *Un roman infini* (Spectres Familiers, Marseille 1992), *Edmond Jabès* (Éd. P. Belfond, Paris 1991); verschiedene Essays, über M. Duras, M. Blanchot, E. Jabès u.a. (in: Critique, Recueil, Diagraphe).

Michel Camus (geb. 1929), Mitbegründer der Zeitschriften *Lettre Ouverte* (1960) und *L'Autre* (1990), von 1976 bis 1983 leitender Redakteur der Zeitschrift *Obliques*, seit 1981 Co-Direktor von *Lettres Vives*. Von 1984 bis 1988 Leiter der Reihe *L'Enfer de la Bibliothèque* *nationale* (Éd. Fayard). Veröffentlichungen zur Kunst, Philosophie und Literatur. Zahlreiche Gedichtsammlungen. Jüngste Veröffentlichung: *Hymne à Lilith, la femme double* (Éditions Lettres Vives, Paris 1993).

Eduardo Chillida (geb. 1924), Bildhauer, lebt in San Sebastian. Seit 1959 internationale Austellungen. Zahlreiche öffentliche Aufträge. Nationale u. internationale Auszeichnungen und Preise, u.a. Madrid 1981: Medalla de Oro al Merito de las Bellas Artes; London 1983: Ehrenmitglied der Royal Academie of Arts; Straßbourg 1983: Prix Européen des Arts Plastiques; Paris 1984: Grand Prix des Arts et des Lettres; Madrid 1987: Principe de Asturias de las Artes-Preis; Florenz: Lorenzo-il-Magnifico-Preis; Bonn 1988: Orden pour le mérite für Wissenschaft und Künste; Caracas 1992: Orden des Andrés Bello.

Francis Cohen (geb. 1960) lebt in Paris, wo er Philosophie unterrichtet. Verschiedene Essays, u. a. über Anne-Marie Albiach, Hélène Bessette, Michel Couturier, Jean Dive und Jean Tortel (in: *Vendredi 13, La Quinzaine Littéraire, Critique*). Auszüge aus seinem Werk *Extrait du demi-cercle* erschienen in der Zeitschrift *Tartine* (nos 5,7,8,10).

Marcel Cohen (geb. 1937), lebt in Paris. Veröffentlichungen: *Galpa* (Le Seuil, Paris 1969; Éd. M. Chandeigne 1993), *Malestroit, Chroniques du silence* (E.F.R., 1973), *Voyage à Waïzata* (E.F.R., 1976), *Murs* (E.F.R. 1979), *Miroirs* (Gallimard, Paris 1981), *Du Désert au Livre*. Entretiens avec Edmond Jabès (Éd. P. Belfond, Paris 1981), *Letras a un pintor* (Almarabu, Madrid 1985), *Je ne sais pas le nom* (Gallimard, Paris 1986), *Hostinato Rigore* (Actes Sud, 1986), *Trente-cinq nouvelles* (Éd. M. Chandeigne, 1988), *L'Athlète de la nuit* (Éd. M. Chandeigne, 1988), *Le grand paon-de-nuit* (Gallimard, Paris 1990).

Jacques Derrida (geb. 1930) ist Professor für Philosophie an der École des Hautes Études en Sciences Sociales in Paris und Gastprofessor an verschiedenen amerikanischen Universitäten.

Jüngste Veröffentlichungen auf deutsch: *Vom Geist. Heidegger und die Frage* (Suhrkamp, Frankfurt/M. 1988), *Die Wahrheit in der Malerei* (Passagen, Wien 1990), *Chora* (Passagen, Wien 1990), *Gesetzeskraft* (Suhrkamp, Frankfurt/M. 1991), *Archäologie des Frivolen* (Akademie-Verlag, Berlin 1993), *Limited* (Passagen, Wien 1993), *Zeit geben* (Bd. I Falschgeld, Fink, München 1993).

Jean-Pierre Dubost (geb. 1944) ist Privatdozent am Institut für Romanische Literaturen der Universität Stuttgart. Veröffentlichungen zur Literatur, Philosophie und Kunst, : *Wiederholter Anlauf zu einer unabschließbaren Rede über das Verschwinden der Welt* (Ed. P. Schwarz, Stuttgart 1985), *Einführung in den letzten Text* (Ed. P. Schwarz, Stuttgart 1987), *Eros und Vernunft. Literatur und Libertinage* (Athenäum, Frankfurt/M. 1988), *Der Weg ist nunmehr vorgezeichnet: Sade und die Französische Revolution* (Ed. P. Schwarz, Stuttgart 1989). Herausgeber: *Bildstörung.* Beiträge zu einer Ethik der Wahrnehmung (Reclam Verlag, Leipzig 1994), *Passagers de l'Occident.* Maghrebinische Literatur in französischer Sprache (WLB, Stuttgart 1994).

Jacques Dupin (geb. 1927) lebt in Paris. Erste Gedichte 1949 (in: *Cahiers d'art* und *Botteghe Oscure*). Seither Veröffentlichungen zur modernen Kunst, u.a. über Miro (1962) und A. Giacometti (1964); veröffentlichte zs. mit Yves Bonnefoy, André du Bouchet, Paul Celan, L. R. des Forêts und Michel Leiris die Zeitschrift *L'Éphémère;* zahlreiche Gedichtsammlungen, u. a. bei Éd. Gallimard: *Gravir* (1963), *L'embrasure* (1969), *Dehors* (1975), *Une apparence de soupirail* (1982); bei Éd. Fata Morgana: *De nul lieu et du Japon* (1981), *De singes et de mouches* (1981), *Les Mères* (1986), *Chansons troglodytes* (1989), *Rien encore, tout déjà* (1990); bei Éd. P.O.L.: *Contumace* (1986), *Échancré* (1991). Erhielt 1988 den Grand Prix National de la Poésie.

Jean-Louis Giovannoni (geb. 1950) lebt in Paris; gründet 1977 zusammen mit Raphaële George *Les Cahiers du Double*, die bis 1981 bestehen. Veröffentlichungen: *Garder le mort* (Éd. Athanor, Paris 1975 und 1976), *Les mots sont des vêtements endormis* (Éd. Unes, Paris 1983), *Ce lieu que les pierres regardent* (Éd. Lettres Vives, Paris 1984; dt.: *Ein Ort im Blick der Steine*, Verlag Jutta Legueil, Stuttgart 1989), *Les choses naissent et se referment aussitôt.* Poèmes 1974 - 1984 (Éd. Unes, Paris 1985), *L'absence réelle* (in Zusammenarbeit mit Raphaële George, Éd. Unes, Paris 1986), *L'Immobile est un geste* (Éd. Unes, Paris 1989), *Pas japonais* (Éd. Unes, Paris 1991), *Garder le mort* (Édition définitive, Éd. Unes, Paris 1991), *L'Invention de l'espace* (Ed. Lettres Vives, Paris 1992), *Le bon morceau* (Éd. Les Autodidactes, Paris 1992).

Johannes Hauck (geb. 1959) ist Wissenschaftlicher Assistent am Institut für Romanische Philologie der Universität München. Veröffentlichung: *Typen des französischen Prosagedichts – Zum Zusammenhang von moderner Poetik und Erfahrung* (Tübingen 1994). Aufsätze und Artikel u.a. in Akzente und Süddeutsche Zeitung.

Felix Philipp Ingold (geb. 1942) lebt in Zürich. Jüngste Buch-veröffentlichungen: *Ewiges Leben*, (Erzählung, Carl Hanser Verlag, München 1992), *Der Autor am Werk* (Versuche über literarische Kreativität, Carl Hanser Verlag, München 1992), *Reimt's auf Leben* (Gedichte, Rainer Verlag, Berlin 1992), *Autorschaft und Management* (Essay, Droschl Literaturverlag, Graz 1993), *Restnatur* (Späte Gedichte, Verlag Kleinheinrich, Münster 1994). Übersetzungen: Edmond Jabès, *Vom Buch zum Buch* (Carl Hanser Verlag, München 1989), Edmond Jabès, *Das Gedächtnis und die Hand* (Verlag Kleinheinrich, Münster 1992), Edmond Jabès, *Verlangen nach einem Beginn Entsetzen vor einem einzigen Ende* (Verlag Jutta Legueil, Stuttgart 1992), Gennadij Ajgi, *Aus Feldern Rußland* (Rainer Verlag, Berlin 1992), Gennadij Ajgi, *Und: für Malewitsch* (Edition Howeg, Zürich 1992), Gennadij Ajgi, *Veronikas Heft* (Insel Verlag, Leipzig 1993), Jan Skácel,

Und nochmals die Liebe (Residenz Verlag, Salzburg 1993), Gennadij Ajgi, *Im Garten Schnee* (Rainer Verlag, Berlin 1993).

François Laruelle, geboren 1937, Professor für Philosophie und Philosophiegeschichte an der Universität Paris (X Nanterre). Verschiedene Veröffentlichungen, unterteilt in Philosophie I und Philosophie II. Hauptwerke: *Une biographie de l'homme ordinaire* (Aubier, Paris 1985), *Les philosophies de la différence* (PUF, Paris 1978), *Philosophie et non-philosophie* (Mardaga, Liège-Bruxelles 1989), *En tant qu'Un* (Aubier, Paris1991), *Théorie des Identités* (PUF, Paris 1992). Die erste Philosophie ist wesentlich durch den Einfluß Nietzsches geprägt; die zweite Philosophie basiert auf der Entwicklung neuer Konzepte («Un-en-Un», «vision-en Un», «non-philosophie», «théorie unifiée de la science et de la philosophie»), im besonderen dem der Priorität des Einen (aufgefaßt als radikale Immenanz) über das Sein und den Anderen, der Konstituierung einer Wissenschaft der Philosophie anstelle einer «Dekonstruktion». Neben den «nicht-philosophischen» *Abhandlungen* widmet sich François Laruelle einer experimentellen Schreibweise, die mathematischen und lyrischen Stil an metaphysischen oder literarischen Themen zu verknüpfen sucht, wie im vorliegenden Text zu Edmond Jabès. «Nicht-» in «Nicht-Philosophie» oder «Nicht-Judaismus» bezeichnet keine Antinomie, sondern eine *Verallgemeinerung*, die, dem Modell der «nicht-euklidischen» Geometrien folgend, der Philosophie oder dem Judaismus diejenigen Postulate subtrahiert, die als restriktiv oder unnötig beurteilt werden.

Jean-Luc Nancy (geb. 1940) ist Professor für Philosophie an der Universität Straßburg. Auf deutsch erschienen: *Das aufgegebene Sein* (Alphëus-Verlag, Berlin 1982), *Der unterbrochene Mythos* (Ed. P. Schwarz, Stuttgart 1985), *Das Vergessen der Philosophie* (Ed. Passagen, Wien 1987), *Die undarstellbare Gemeinschaft* (Ed. P. Schwarz, Stuttgart

1988), *Das gemeinsame Erscheinen. Von der Existenz des «Kommunismus» zur Gemeinschaftlichkeit der «Existenz»* (in: Positionen zu einer Philosophie des Politischen, Suhrkamp Verlag, Frankfurt/M. 1994).

Richard Stamelman, Professor für Romanische Sprache und Direktor des Center for Foreign Languages, Literatures and Cultures am Williams College (Williamstown, Massachusetts, U.S.A.). Übersetzer der Werke von Edmond Jabès und Yves Bonnefoy ins Amerikanische. Zahlreiche Veröffentlichungen zur französischen Dichtung des 19. und 20. Jahrhunderts, zur Philosophie (Barthes, Lévinas) und Kunst (A. Giacometti, Cl. Garache) sowie zur amerikanischen Dichtung (J. Ashbery, G. Kinnell, E. Bishop, R. Wilbur), u.a.: *The Drama of Self in Guillaume Apollinaire's «Alcools»* (Universitiy of North Carolina Press, 1976), *Lost beyond Telling: Representations of Death and Absence in Modern French Poetry* (Cornell University Press, 1990), *The Lure and the Truth of Painting.* Selected Essays on Art by Yves Bonnefoy (University of Chicago Press, 1994). Herausgeber: *Écrire le Livre: autour d'Edmond Jabès.* Actes du Colloque de Cerisy-la-Salle (zs. mit Ann Mary Caws, Éd. Champ Vallon, 1989), *Contemporary French Poetry* (Studies in Twentieth-Century Literature, 1989), *French Poetry Since the War: The Poetics of Presence and Passage* (L'Esprit Créateur, 1992).

André Velter (geb. 1945) teilt seine Zeit seit 1980 zwischen Paris, dem Himalaya und Indien. Seit 1966 zahlreiche Essays und Gedichtsammlungen. Jüngste Veröffentlichungen: *L'Enfer et les Fleurs* (Fata Morgana, Montpellier 1988), *L'Arbre-Seuil* (Prix Mallarmé, Fata Morgana, Montpellier 1990), *Autoportraits* (Paroles d'Aube 1991), *Ça cavale* (Paroles d'Aube 1992), *Du Gange à Zanzibar* (Gallimard, Paris 1993). Übersetzungen: Sayd Bahodine Majrouhi, *Le suicide et le chant* (Les Cahiers des Brisants 1988, Gallimard 1993), Adonis, *Désert* (Les Cahiers de Royaumont 1988), Fernando Pessoa, *Faust* (zusammen mit Pierre Léglise-Costa, Chr. Bourgois, Paris 1990), Adonis, *Mémoire du vent* (Gallimard, Paris 1991).

Drucknachweise

Paul Auster, *Providence, A Conversation with Edmond Jabès* (1978). In: The Art of Hunger, Los Angeles 1992, S. 137 - 161

Hans-Dieter Bahr, *Die Gastlichkeit des Buches*, Originalbeitrag

Didier Cahen, Une Idée de l'œuvre. In: Didier Cahen, *Edmond Jabès*, Éditions Pierre Belfond, Paris 1991, S. 21 - 37

Michel Camus, *Nous, le Juif errant*, Originalbeitrag

Eduardo Chillida, Originalbeitrag

Francis Cohen, *Aphorismes du regard*, Originalbeitrag

Marcel Cohen, A propos de Sarah et Yukel. In: *Écrire le Livre autour d'Edmond Jabès*, Colloque de Cerisy-la-Salle, Éditions Champ Vallon, Seyssel 1989, S. 253 - 261

Jacques Derrida, Brief an Didier Cahen vom 29.2./1.3.1992; Beitrag zur Hommage an Edmond Jabès vom 16.4.1992. Erscheint vorauss. 1994 bei Éditions Fourbis, Paris

Jean-Pierre Dubost, *Die elf Buchstaben der Gastfreundschaft*, Originalbeitrag

Jacques Dupin, Beitrag zur Hommage an Edmond Jabès vom 16.4. 1992. Erscheint vorauss. 1994 bei Éditions Fourbis, Paris

Jean-Louis Giovannoni, Variations à partir d'une phrase d'Edmond Jabès. In: *L'Immobile est un geste*. Éditions Unes, Paris 1989, S. 147 - 153

Johannes Hauck, *Der leere Spiegel, die Weiße und die Subversion*, Originalbeitrag

Felix Philipp Ingold, . . .*schreiben heißt geschrieben werden* . . . Lesenotizen zu einigen Texten von Edmond Jabès, Originalbeitrag

François Laruelle, *Le feu, le livre, dans les limites du non-judaïsme*, Originalbeitrag

Jean-Luc Nancy, *Ja,bès*, Originalbeitrag

Richard Stamelman, *L'Étranger des langues*, Originalbeitrag

André Velter, *De l'Inachèvement*, Le Monde, 24.5.1991

Die Deutsche Bibliothek – CIP–Einheitsaufnahme

Und Jabès : Hommage / [(hrsg. v. J. Legueil). P. Auster ...].
– 1. Aufl. – Stuttgart : Legueil, 1994
  ISBN 3–9802323-8-7
NE: Legueil, Jutta [Hrsg.]; Jabès, Edmond: Festschrift

Und Jabès
Hommage
(Hrsg. v. J. Legueil)

Erste Auflage
© Verlag Jutta Legueil Stuttgart 1994
und Autoren

Umschlag, Layout und Satz: G. Straub/W. Strubel, Kirchheim/Teck
Druck und Bindung: Druckhaus Münster GmbH, Kornwestheim